ESTONIANO
VOCABULÁRIO

PALAVRAS MAIS ÚTEIS

PORTUGUÊS ESTONIANO

Para alargar o seu léxico e apurar
as suas competências linguísticas

5000 palavras

Vocabulário Português-Estoniano - 5000 palavras
Por Andrey Taranov

Os vocabulários da T&P Books destinam-se a ajudar a aprender, a memorizar, e a rever palavras estrangeiras. O dicionário é dividido em temas, cobrindo todas as principais esferas de atividades quotidianas, negócios, ciência, cultura, etc.

O processo de aprendizagem, utilizando os dicionários baseados em temáticas da T&P Books dá-lhe as seguintes vantagens:

- Informação de origem corretamente agrupada predetermina o sucesso em fases subsequentes da memorização de palavras
- Disponibilização de palavras derivadas da mesma raiz, o que permite a memorização de unidades de texto (em vez de palavras separadas)
- Pequenas unidades de palavras facilitam o processo de estabelecimento de vínculos associativos necessários para a consolidação do vocabulário
- O nível de conhecimento da língua pode ser estimado pelo número de palavras aprendidas

Copyright © 2019 T&P Books Publishing

Todos os direitos reservados. Nenhuma parte desta publicação pode ser reproduzida, total ou parcialmente, por quaisquer métodos ou processos, sejam eles eletrónicos, mecânicos, de fotocópia ou outros, sem a autorização escrita do editor. Esta publicação não pode ser divulgada, copiada ou distribuída em nenhum formato.

T&P Books Publishing
www.tpbooks.com

ISBN: 978-1-78400-940-3

Este livro também está disponível em formato E-book.
Por favor visite www.tpbooks.com ou as principais livrarias on-line.

VOCABULÁRIO ESTONIANO
palavras mais úteis

Os vocabulários da T&P Books destinam-se a ajudar a aprender, a memorizar, e a rever palavras estrangeiras. O vocabulário contém mais de 5000 palavras de uso comum organizadas tematicamente.

O vocabulário contém as palavras mais comummente usadas
Recomendado como adicional para qualquer curso de línguas
Satisfaz as necessidades dos iniciados e dos alunos avançados de línguas estrangeiras
Conveniente para o uso diário, sessões de revisão e atividades de auto-teste
Permite avaliar o seu vocabulário

Características especias do vocabulário

- As palavras estão organizadas de acordo com o seu significado, e não por ordem alfabética
- As palavras são apresentadas em três colunas para facilitar os processos de revisão e auto-teste
- As palavras compostas são divididas em pequenos blocos para facilitar o processo de aprendizagem
- O vocabulário oferece uma transcrição simples e adequada de cada palavra estrangeira

O vocabulário contém 155 tópicos incluindo:

Conceitos básicos, Números, Cores, Meses, Estações do ano, Unidades de medida, Roupas & Acessórios, Alimentos & Nutrição, Restaurante, Membros da Família, Parentes, Caráter, Sentimentos, Emoções, Doenças, Cidade, Passeios, Compras, Dinheiro, Casa, Lar, Escritório, Trabalho no Escritório, Importação & Exportação, Marketing, Pesquisa de Emprego, Desportos, Educação, Computador, Internet, Ferramentas, Natureza, Países, Nacionalidades e muito mais ...

TABELA DE CONTEÚDOS

Guia de pronunciação	9
Abreviaturas	11

CONCEITOS BÁSICOS	12
Conceitos básicos. Parte 1	12

1. Pronomes — 12
2. Cumprimentos. Saudações. Despedidas — 12
3. Como se dirigir a alguém — 13
4. Números cardinais. Parte 1 — 13
5. Números cardinais. Parte 2 — 14
6. Números ordinais — 15
7. Números. Frações — 15
8. Números. Operações básicas — 15
9. Números. Diversos — 15
10. Os verbos mais importantes. Parte 1 — 16
11. Os verbos mais importantes. Parte 2 — 17
12. Os verbos mais importantes. Parte 3 — 18
13. Os verbos mais importantes. Parte 4 — 19
14. Cores — 20
15. Questões — 20
16. Preposições — 21
17. Palavras funcionais. Advérbios. Parte 1 — 21
18. Palavras funcionais. Advérbios. Parte 2 — 23

Conceitos básicos. Parte 2 — 25

19. Dias da semana — 25
20. Horas. Dia e noite — 25
21. Meses. Estações — 26
22. Unidades de medida — 28
23. Recipientes — 29

O SER HUMANO — 30
O ser humano. O corpo — 30

24. Cabeça — 30
25. Corpo humano — 31

Vestuário & Acessórios — 32

26. Roupa exterior. Casacos — 32
27. Vestuário de homem & mulher — 32

28. Vestuário. Roupa interior	33
29. Adereços de cabeça	33
30. Calçado	33
31. Acessórios pessoais	34
32. Vestuário. Diversos	34
33. Cuidados pessoais. Cosméticos	35
34. Relógios de pulso. Relógios	36

Alimentação. Nutrição	37
35. Comida	37
36. Bebidas	38
37. Vegetais	39
38. Frutos. Nozes	40
39. Pão. Bolaria	41
40. Pratos cozinhados	41
41. Especiarias	42
42. Refeições	43
43. Por a mesa	44
44. Restaurante	44

Família, parentes e amigos	45
45. Informação pessoal. Formulários	45
46. Membros da família. Parentes	45

Medicina	47
47. Doenças	47
48. Sintomas. Tratamentos. Parte 1	48
49. Sintomas. Tratamentos. Parte 2	49
50. Sintomas. Tratamentos. Parte 3	50
51. Médicos	51
52. Medicina. Drogas. Acessórios	51

HABITAT HUMANO	53
Cidade	53
53. Cidade. Vida na cidade	53
54. Instituições urbanas	54
55. Sinais	55
56. Transportes urbanos	56
57. Turismo	57
58. Compras	58
59. Dinheiro	59
60. Correios. Serviço postal	60

Moradia. Casa. Lar	61
61. Casa. Eletricidade	61

62.	Moradia. Mansão	61
63.	Apartamento	61
64.	Mobiliário. Interior	62
65.	Quarto de dormir	63
66.	Cozinha	63
67.	Casa de banho	64
68.	Eletrodomésticos	65

ATIVIDADES HUMANAS 66
Emprego. Negócios. Parte 1 66

69.	Escritório. O trabalho no escritório	66
70.	Processos negociais. Parte 1	67
71.	Processos negociais. Parte 2	68
72.	Produção. Trabalhos	69
73.	Contrato. Acordo	70
74.	Importação & Exportação	71
75.	Finanças	71
76.	Marketing	72
77.	Publicidade	73
78.	Banca	73
79.	Telefone. Conversação telefónica	74
80.	Telefone móvel	75
81.	Estacionário	75
82.	Tipos de negócios	76

Emprego. Negócios. Parte 2 78

83.	Espetáculo. Feira	78
84.	Ciência. Investigação. Cientistas	79

Profissões e ocupações 81

85.	Procura de emprego. Demissão	81
86.	Gente de negócios	81
87.	Profissões de serviços	82
88.	Profissões militares e postos	83
89.	Oficiais. Padres	84
90.	Profissões agrícolas	84
91.	Profissões artísticas	85
92.	Várias profissões	85
93.	Ocupações. Estatuto social	87

Educação 88

94.	Escola	88
95.	Colégio. Universidade	89
96.	Ciências. Disciplinas	90
97.	Sistema de escrita. Ortografia	90
98.	Línguas estrangeiras	91

Descanso. Entretenimento. Viagens	93
99. Viagens	93
100. Hotel	93
EQUIPAMENTO TÉCNICO. TRANSPORTES	**95**
Equipamento técnico. Transportes	**95**
101. Computador	95
102. Internet. E-mail	96
103. Eletricidade	97
104. Ferramentas	97
Transportes	**100**
105. Avião	100
106. Comboio	101
107. Barco	102
108. Aeroporto	103
Eventos	**105**
109. Férias. Evento	105
110. Funerais. Enterro	106
111. Guerra. Soldados	106
112. Guerra. Ações militares. Parte 1	107
113. Guerra. Ações militares. Parte 2	109
114. Armas	110
115. Povos da antiguidade	112
116. Idade média	112
117. Líder. Chefe. Autoridades	114
118. Viloação da lei. Criminosos. Parte 1	115
119. Viloação da lei. Criminosos. Parte 2	116
120. Polícia. Lei. Parte 1	117
121. Polícia. Lei. Parte 2	118
NATUREZA	**120**
A Terra. Parte 1	**120**
122. Espaço sideral	120
123. A Terra	121
124. Pontos cardeais	122
125. Mar. Oceano	122
126. Nomes de Mares e Oceanos	123
127. Montanhas	124
128. Nomes de montanhas	125
129. Rios	125
130. Nomes de rios	126
131. Floresta	126
132. Recursos naturais	127

A Terra. Parte 2 — 129

133. Tempo — 129
134. Tempo extremo. Catástrofes naturais — 130

Fauna — 131

135. Mamíferos. Predadores — 131
136. Animais selvagens — 131
137. Animais domésticos — 132
138. Pássaros — 133
139. Peixes. Animais marinhos — 135
140. Amfíbios. Répteis — 135
141. Insetos — 136

Flora — 137

142. Árvores — 137
143. Arbustos — 137
144. Frutos. Bagas — 138
145. Flores. Plantas — 139
146. Cereais, grãos — 140

PAÍSES. NACIONALIDADES — 141

147. Europa Ocidental — 141
148. Europa Central e de Leste — 141
149. Países da ex-URSS — 142
150. Asia — 142
151. América do Norte — 143
152. América Central do Sul — 143
153. Africa — 143
154. Austrália. Oceania — 144
155. Cidades — 144

GUIA DE PRONUNCIAÇÃO

Letra	Exemplo Estoniano	Alfabeto fonético T&P	Exemplo Português

Vogais

a	vana	[ɑ]	chamar
aa	poutaa	[ɑ:]	rapaz
e	ema	[e]	metal
ee	Ameerika	[e:]	plateia
i	ilus	[i]	sinónimo
ii	viia	[i:]	cair
o	orav	[o]	lobo
oo	antiloop	[o:]	albatroz
u	surma	[u]	bonita
uu	arbuus	[u:]	blusa
õ	võõras	[ɔu]	chow-chow
ä	pärn	[æ]	semana
ö	köha	[ø]	orgulhoso
ü	üks	[y]	questionar

Consoantes

b	tablett	[b]	barril
d	delfiin	[d]	dentista
f	faasan	[f]	safári
g	flamingo	[g]	gosto
h	haamer	[h]	[h] aspirada
j	harjumus	[j]	géiser
k	helikopter	[k]	kiwi
l	ingel	[l]	libra
m	magnet	[m]	magnólia
n	nöör	[n]	natureza
p	poolsaar	[p]	presente
r	ripse	[r]	riscar
s	sõprus	[s]	sanita
š	šotlane	[ʃ]	mês
t	tantsima	[t]	tulipa
v	pilves	[ʋ]	fava
z	zookauplus	[z]	sésamo
ž ¹	žonglöör	[ʒ]	voz

Comentários

[1] apenas em estrangeirismos

ABREVIATURAS
usadas no vocabulário

Abreviaturas do Português

adj	-	adjetivo
adv	-	advérbio
anim.	-	animado
conj.	-	conjunção
desp.	-	desporto
etc.	-	etecetra
ex.	-	por exemplo
f	-	nome feminino
f pl	-	feminino plural
fem.	-	feminino
inanim.	-	inanimado
m	-	nome masculino
m pl	-	masculino plural
m, f	-	masculino, feminino
masc.	-	masculino
mat.	-	matemática
mil.	-	militar
pl	-	plural
prep.	-	preposição
pron.	-	pronome
sb.	-	sobre
sing.	-	singular
v aux	-	verbo auxiliar
vi	-	verbo intransitivo
vi, vt	-	verbo intransitivo, transitivo
vr	-	verbo reflexivo
vt	-	verbo transitivo

CONCEITOS BÁSICOS

Conceitos básicos. Parte 1

1. Pronomes

eu	mina	[mina]
tu	sina	[sina]
ele	tema	[tema]
ela	tema	[tema]
ele, ela (neutro)	see	[se:]
nós	meie	[meje]
vocês	teie	[teje]
eles, elas	nemad	[nemat]

2. Cumprimentos. Saudações. Despedidas

Olá!	Tere!	[tere!]
Bom dia! (formal)	Tere!	[tere!]
Bom dia! (de manhã)	Tere hommikust!	[tere hommikusʲt!]
Boa tarde!	Tere päevast!	[tere pæɵʋasʲt!]
Boa noite!	Tere õhtust!	[tere ɜhtusʲt!]
cumprimentar (vt)	teretama	[teretama]
Olá!	Tervist!	[terʋisʲt!]
saudação (f)	tervitus	[terʋitus]
saudar (vt)	tervitama	[terʋitama]
Como vai?	Kuidas läheb?	[kuidas lʲæheb?]
O que há de novo?	Mis uudist?	[mis u:disʲt?]
Até à vista!	Nägemist!	[nægemisʲt!]
Até breve!	Kohtumiseni!	[kohtumiseni!]
Adeus!	Hüvasti!	[hʉʋasʲti!]
despedir-se (vr)	hüvasti jätma	[hʉʋasʲti jætma]
Até logo!	Hüva!	[hʉʋa!]
Obrigado! -a!	Aitäh!	[aitæh!]
Muito obrigado! -a!	Suur tänu!	[su:r tænu!]
De nada	Palun.	[palun]
Não tem de quê	Pole tänu väärt.	[pole tænu ʋæ:rt]
De nada	Pole tänu väärt.	[pole tænu ʋæ:rt]
Desculpa!	Vabanda!	[ʋabanda!]
Desculpe!	Vabandage!	[ʋabandage!]
desculpar (vt)	vabandama	[ʋabandama]

desculpar-se (vr)	vabandama	[ʋabandama]
As minhas desculpas	Minu kaastunne	[minu kaːsʲtunne]
Desculpe!	Andke andeks!	[andke andeks!]
perdoar (vt)	andeks andma	[andeks andma]
Não faz mal	Pole hullu!	[pole hulʲu]
por favor	palun	[palun]
Não se esqueça!	Pidage meeles!	[pidage meːles!]
Certamente! Claro!	Muidugi!	[mujdugi!]
Claro que não!	Muidugi mitte!	[mujdugi mitte!]
Está bem! De acordo!	Ma olen nõus!	[ma olen nɜus!]
Basta!	Aitab küll!	[aitab kɥlʲ!]

3. Como se dirigir a alguém

Desculpe (para chamar a atenção)	Vabandage, ...	[ʋabandage, ...]
senhor	Härra	[hærra]
senhora	Proua	[proua]
rapariga	Preili	[prejli]
rapaz	Noormees	[noːrmeːs]
menino	Poiss	[pojss]
menina	Tüdruk	[tɥdruk]

4. Números cardinais. Parte 1

zero	null	[nulʲ]
um	üks	[ɥks]
dois	kaks	[kaks]
três	kolm	[kolʲm]
quatro	neli	[neli]
cinco	viis	[ʋiːs]
seis	kuus	[kuːs]
sete	seitse	[sejtse]
oito	kaheksa	[kaheksa]
nove	üheksa	[ɥheksa]
dez	kümme	[kɥmme]
onze	üksteist	[ɥksʲtejsʲt]
doze	kaksteist	[kaksʲtejsʲt]
treze	kolmteist	[kolʲmtejsʲt]
catorze	neliteist	[nelitejsʲt]
quinze	viisteist	[ʋiːsʲtejsʲt]
dezasseis	kuusteist	[kuːsʲtejsʲt]
dezassete	seitseteist	[sejtsetejsʲt]
dezoito	kaheksateist	[kaheksatejsʲt]
dezanove	üheksateist	[ɥheksatejsʲt]
vinte	kakskümmend	[kakskɥmment]
vinte e um	kakskümmend üks	[kakskɥmment ɥks]

vinte e dois	kakskümmend kaks	[kakskumment kaks]
vinte e três	kakskümmend kolm	[kakskumment kolʲm]
trinta	kolmkümmend	[kolʲmkumment]
trinta e um	kolmkümmend üks	[kolʲmkumment uks]
trinta e dois	kolmkümmend kaks	[kolʲmkumment kaks]
trinta e três	kolmkümmend kolm	[kolʲmkumment kolʲm]
quarenta	nelikümmend	[nelikumment]
quarenta e um	nelikümmend üks	[nelikumment uks]
quarenta e dois	nelikümmend kaks	[nelikumment kaks]
quarenta e três	nelikümmend kolm	[nelikumment kolʲm]
cinquenta	viiskümmend	[ʋi:skumment]
cinquenta e um	viiskümmend üks	[ʋi:skumment uks]
cinquenta e dois	viiskümmend kaks	[ʋi:skumment kaks]
cinquenta e três	viiskümmend kolm	[ʋi:skumment kolʲm]
sessenta	kuuskümmend	[ku:skumment]
sessenta e um	kuuskümmend üks	[ku:skumment uks]
sessenta e dois	kuuskümmend kaks	[ku:skumment kaks]
sessenta e três	kuuskümmend kolm	[ku:skumment kolʲm]
setenta	seitsekümmend	[sejtsekumment]
setenta e um	seitsekümmend üks	[sejtsekumment uks]
setenta e dois	seitsekümmend kaks	[sejtsekumment kaks]
setenta e três	seitsekümmend kolm	[sejtsekumment kolʲm]
oitenta	kaheksakümmend	[kaheksakumment]
oitenta e um	kaheksakümmend üks	[kaheksakumment uks]
oitenta e dois	kaheksakümmend kaks	[kaheksakumment kaks]
oitenta e três	kaheksakümmend kolm	[kaheksakumment kolʲm]
noventa	üheksakümmend	[uheksakumment]
noventa e um	üheksakümmend üks	[uheksakumment uks]
noventa e dois	üheksakümmend kaks	[uheksakumment kaks]
noventa e três	üheksakümmend kolm	[uheksakumment kolʲm]

5. Números cardinais. Parte 2

cem	sada	[sada]
duzentos	kakssada	[kakssada]
trezentos	kolmsada	[kolʲmsada]
quatrocentos	nelisada	[nelisada]
quinhentos	viissada	[ʋi:ssada]
seiscentos	kuussada	[ku:ssada]
setecentos	seitsesada	[sejtsesada]
oitocentos	kaheksasada	[kaheksasada]
novecentos	üheksasada	[uheksasada]
mil	tuhat	[tuhat]
dois mil	kaks tuhat	[kaks tuhat]
De quem são ...?	kolm tuhat	[kolʲm tuhat]

dez mil	kümme tuhat	[kɯmme tuhat]
cem mil	sada tuhat	[sada tuhat]
um milhão	miljon	[miljon]
mil milhões	miljard	[miljart]

6. Números ordinais

primeiro	esimene	[esimene]
segundo	teine	[tejne]
terceiro	kolmas	[kolʲmas]
quarto	neljas	[neljas]
quinto	viies	[ʋi:es]

sexto	kuues	[ku:es]
sétimo	seitsmes	[sejtsmes]
oitavo	kaheksas	[kaheksas]
nono	üheksas	[ɯheksas]
décimo	kümnes	[kɯmnes]

7. Números. Frações

fração (f)	murd	[murt]
um meio	pool	[po:lʲ]
um terço	kolmandik	[kolʲmandik]
um quarto	neljandik	[neljandik]

um oitavo	kaheksandik	[kaheksandik]
um décimo	kümnendik	[kɯmnendik]
dois terços	kaks kolmandikku	[kaks kolʲmandikku]
três quartos	kolm neljandikku	[kolʲm neljandikku]

8. Números. Operações básicas

subtração (f)	lahutamine	[lahutamine]
subtrair (vi, vt)	lahutama	[lahutama]
divisão (f)	jagamine	[jagamine]
dividir (vt)	jagama	[jagama]

adição (f)	liitmine	[li:tmine]
somar (vt)	liitma	[li:tma]
adicionar (vt)	lisama	[lisama]
multiplicação (f)	korrutamine	[korrutamine]
multiplicar (vt)	korrutama	[korrutama]

9. Números. Diversos

| algarismo, dígito (m) | number | [number] |
| número (m) | arv | [arʋ] |

numeral (m)	arvsõna	[arʊsɜna]
menos (m)	miinus	[mi:nus]
mais (m)	pluss	[pluss]
fórmula (f)	valem	[ʋalem]

cálculo (m)	arvutamine	[arʊutamine]
contar (vt)	lugema	[lugema]
calcular (vt)	arvestama	[arʋesʲtama]
comparar (vt)	võrdlema	[ʊɜrtlema]

Quanto?	Kui palju?	[kui palju?]
Quantos? -as?	Mitu?	[mitu?]

soma (f)	summa	[summa]
resultado (m)	tulemus	[tulemus]
resto (m)	jääk	[jæ:k]

alguns, algumas ...	mõni	[mɜni]
um pouco de ...	natuke	[natuke]
resto (m)	ülejäänud	[ʉlejæ:nut]
um e meio	poolteist	[po:lʲtejsʲt]
dúzia (f)	tosin	[tosin]

ao meio	pooleks	[po:leks]
em partes iguais	võrdselt	[ʊɜrdselʲt]
metade (f)	pool	[po:lʲ]
vez (f)	üks kord	[ʉks kort]

10. Os verbos mais importantes. Parte 1

abrir (vt)	lahti tegema	[lahti tegema]
acabar, terminar (vt)	lõpetama	[lɜpetama]
aconselhar (vt)	soovitama	[so:ʊitama]
adivinhar (vt)	ära arvama	[æra arʊama]
advertir (vt)	hoiatama	[hojatama]

ajudar (vt)	aitama	[aitama]
almoçar (vi)	lõunat sööma	[lɜunat sø:ma]
alugar (~ um apartamento)	üürima	[ʉ:rima]
amar (vt)	armastama	[armasʲtama]
ameaçar (vt)	ähvardama	[æhʊardama]

anotar (escrever)	üles kirjutama	[ʉles kirjutama]
apanhar (vt)	püüdma	[pʉ:dma]
apressar-se (vr)	kiirustama	[ki:rusʲtama]
arrepender-se (vr)	kahetsema	[kahetsema]
assinar (vt)	allkirjastama	[alʲkirjasʲtama]

atirar, disparar (vi)	tulistama	[tulisʲtama]
brincar (vi)	nalja tegema	[nalja tegema]
brincar, jogar (crianças)	mängima	[mæŋgima]
buscar (vt)	otsima ...	[otsima ...]
caçar (vi)	jahil käima	[jahilʲ kæjma]
cair (vi)	kukkuma	[kukkuma]

cavar (vt)	kaevama	[kaeʋama]
cessar (vt)	katkestama	[katkesʲtama]
chamar (~ por socorro)	kutsuma	[kutsuma]
chegar (vi)	saabuma	[sa:buma]
chorar (vi)	nutma	[nutma]
comparar (vt)	võrdlema	[ʋɜrtlema]
compreender (vt)	aru saama	[aru sa:ma]
concordar (vi)	nõustuma	[nɜusʲtuma]
confiar (vt)	usaldama	[usalʲdama]
confundir (equivocar-se)	segi ajama	[segi ajama]
conhecer (vt)	tundma	[tundma]
contar (fazer contas)	lugema	[lugema]
contar com (esperar)	lootma ...	[lo:tma ...]
continuar (vt)	jätkama	[jætkama]
controlar (vt)	kontrollima	[kontrolʲima]
convidar (vt)	kutsuma	[kutsuma]
correr (vi)	jooksma	[jo:ksma]
criar (vt)	looma	[lo:ma]
custar (vt)	maksma	[maksma]

11. Os verbos mais importantes. Parte 2

dar (vt)	andma	[andma]
dar uma dica	vihjama	[ʋihjama]
decorar (enfeitar)	ehtima	[ehtima]
defender (vt)	kaitsma	[kaitsma]
deixar cair (vt)	pillama	[pilʲæma]
descer (para baixo)	laskuma	[laskuma]
desculpar (vt)	vabandama	[ʋabandama]
desculpar-se (vr)	vabandama	[ʋabandama]
dirigir (~ uma empresa)	juhtima	[juhtima]
discutir (notícias, etc.)	arutama	[arutama]
dizer (vt)	ütlema	[ʉtlema]
duvidar (vt)	kahtlema	[kahtlema]
encontrar (achar)	leidma	[lejdma]
enganar (vt)	petma	[petma]
entrar (na sala, etc.)	sisse tulema	[sisse tulema]
enviar (uma carta)	saatma	[sa:tma]
errar (equivocar-se)	eksima	[eksima]
escolher (vt)	valima	[ʋalima]
esconder (vt)	peitma	[pejtma]
escrever (vt)	kirjutama	[kirjutama]
esperar (o autocarro, etc.)	ootama	[o:tama]
esperar (ter esperança)	lootma	[lo:tma]
esquecer (vt)	unustama	[unusʲtama]
estudar (vt)	uurima	[u:rima]
exigir (vt)	nõudma	[nɜudma]
existir (vi)	olemas olema	[olemas olema]

explicar (vt)	seletama	[seletama]
falar (vi)	rääkima	[ræ:kima]
faltar (clases, etc.)	puuduma	[pu:duma]
fazer (vt)	tegema	[tegema]
ficar em silêncio	vaikima	[ʋaikima]
gabar-se, jactar-se (vr)	kiitlema	[ki:tlema]

gostar (apreciar)	meeldima	[me:lʲdima]
gritar (vi)	karjuma	[karjuma]
guardar (cartas, etc.)	säilitama	[sæjlitama]
informar (vt)	teavitama	[teaʋitama]
insistir (vi)	nõudma	[nɜudma]

insultar (vt)	solvama	[solʲʋama]
interessar-se (vr)	huvi tundma	[huʋi tundma]
ir (a pé)	minema	[minema]
ir nadar	suplema	[suplema]
jantar (vi)	õhtust sööma	[ɜhtusʲt sø:ma]

12. Os verbos mais importantes. Parte 3

ler (vt)	lugema	[lugema]
libertar (cidade, etc.)	vabastama	[ʋabasʲtama]
matar (vt)	tapma	[tapma]
mencionar (vt)	meelde tuletama	[me:lʲde tuletama]
mostrar (vt)	näitama	[næjtama]

mudar (modificar)	muutma	[mu:tma]
nadar (vi)	ujuma	[ujuma]
negar-se a ...	keelduma	[ke:lʲduma]
objetar (vt)	vastu vaidlema	[ʋasʲtu ʋaitlema]

observar (vt)	jälgima	[jælʲgima]
ordenar (mil.)	käskima	[kæskima]
ouvir (vt)	kuulma	[ku:lʲma]
pagar (vt)	maksma	[maksma]
parar (vi)	peatuma	[peatuma]

participar (vi)	osa võtma	[osa ʋɜtma]
pedir (comida)	tellima	[telʲima]
pedir (um favor, etc.)	paluma	[paluma]
pegar (tomar)	võtma	[ʋɜtma]
pensar (vt)	mõtlema	[mɜtlema]

perceber (ver)	märkama	[mærkama]
perdoar (vt)	andeks andma	[andeks andma]
perguntar (vt)	küsima	[kɯsima]
permitir (vt)	lubama	[lubama]
pertencer a ...	kuuluma	[ku:luma]

planear (vt)	planeerima	[plane:rima]
poder (vi)	võima	[ʋɜima]
possuir (vt)	valdama	[ʋalʲdama]
preferir (vt)	eelistama	[e:lisʲtama]

preparar (vt)	süüa tegema	[sɯ:a tegema]
prever (vt)	ette nägema	[ette nægema]
prometer (vt)	lubama	[lubama]
pronunciar (vt)	hääldama	[hæːlʲdama]
propor (vt)	pakkuma	[pakkuma]
punir (castigar)	karistama	[karisʲtama]

13. Os verbos mais importantes. Parte 4

quebrar (vt)	murdma	[murdma]
queixar-se (vr)	kaebama	[kaebama]
querer (desejar)	tahtma	[tahtma]
recomendar (vt)	soovitama	[soːʋitama]
repetir (dizer outra vez)	kordama	[kordama]

repreender (vt)	sõimama	[sɜimama]
reservar (~ um quarto)	reserveerima	[reserʋeːrima]
responder (vt)	vastama	[ʋasʲtama]
rezar, orar (vi)	palvetama	[palʲʋetama]
rir (vi)	naerma	[naerma]

roubar (vt)	varastama	[ʋarasʲtama]
saber (vt)	teadma	[teadma]
sair (~ de casa)	välja tulema	[ʋælja tulema]
salvar (vt)	päästma	[pæːsʲtma]
seguir ...	järgnema ...	[jærgnema ...]

sentar-se (vr)	istuma	[isʲtuma]
ser necessário	tarvis olema	[tarʋis olema]
ser, estar	olema	[olema]
significar (vt)	tähendama	[tæhendama]

sorrir (vi)	naeratama	[naeratama]
subestimar (vt)	alahindama	[alahindama]
surpreender-se (vr)	imestama	[imesʲtama]
tentar (vt)	proovima	[proːʋima]

| ter (vt) | omama | [omama] |
| ter fome | süüa tahtma | [sɯ:a tahtma] |

| ter medo | kartma | [kartma] |
| ter sede | juua tahtma | [juːa tahtma] |

tocar (com as mãos)	puudutama	[puːdutama]
tomar o pequeno-almoço	hommikust sööma	[hommikusʲt søːma]
trabalhar (vi)	töötama	[tøːtama]

| traduzir (vt) | tõlkima | [tɜlʲkima] |
| unir (vt) | ühendama | [ɯhendama] |

vender (vt)	müüma	[mɯːma]
ver (vt)	nägema	[nægema]
virar (ex. ~ à direita)	pöörama	[pøːrama]
voar (vi)	lendama	[lendama]

14. Cores

cor (f)	värv	[ʋæru]
matiz (m)	varjund	[ʋarjunt]
tom (m)	toon	[toːn]
arco-íris (m)	vikerkaar	[ʋikerkaːr]

branco	valge	[ʋalʲge]
preto	must	[musʲt]
cinzento	hall	[halʲ]

verde	roheline	[roheline]
amarelo	kollane	[kolʲæne]
vermelho	punane	[punane]

azul	sinine	[sinine]
azul claro	helesinine	[helesinine]
rosa	roosa	[roːsa]
laranja	oranž	[oranʒ]
violeta	violetne	[ʋioletne]
castanho	pruun	[pruːn]

dourado	kuldne	[kulʲdne]
prateado	hõbedane	[hɜbedane]

bege	beež	[beːʒ]
creme	kreemjas	[kreːmjas]
turquesa	türkiissinine	[tɞrkiːssinine]
vermelho cereja	kirsipunane	[kirsipunane]
lilás	lilla	[lilʲæ]
carmesim	vaarikpunane	[ʋaːrikpunane]

claro	hele	[hele]
escuro	tume	[tume]
vivo	erk	[erk]

de cor	värvipliiats	[ʋæruipliːats]
a cores	värvi-	[ʋæruː-]
preto e branco	must-valge	[musʲt-ʋalʲge]
unicolor	ühevärviline	[ɤheʋæruiline]
multicor	mitmevärviline	[mitmeʋæruiline]

15. Questões

Quem?	Kes?	[kes?]
Que?	Mis?	[mis?]
Onde?	Kus?	[kus?]
Para onde?	Kuhu?	[kuhu?]
De onde?	Kust?	[kusʲt?]
Quando?	Millal?	[milʲæl?]
Para quê?	Milleks?	[milʲeks?]
Porquê?	Miks?	[miks?]
Para quê?	Mille jaoks?	[milʲe jaoks?]

Como?	Kuidas?	[kuidas?]
Qual?	Missugune?	[missugune?]
Qual? (entre dois ou mais)	Mis?	[mis?]
A quem?	Kellele?	[kelʲele?]
Sobre quem?	Kellest?	[kelʲesʲt?]
Do quê?	Millest?	[milʲesʲt?]
Com quem?	Kellega?	[kelʲega?]
Quantos? -as?	Mitu?	[mitu?]
Quanto?	Kui palju?	[kui palju?]
De quem?	Kelle?	[kelʲe?]

16. Preposições

com (prep.)	koos	[ko:s]
sem (prep.)	ilma	[ilʲma]
a, para (exprime lugar)	sisse	[sisse]
sobre (ex. falar ~)	kohta	[kohta]
antes de ...	enne	[enne]
diante de ...	ees	[e:s]
sob (debaixo de)	all	[alʲ]
sobre (em cima de)	kohal	[kohalʲ]
sobre (~ a mesa)	peal	[pealʲ]
de (vir ~ Lisboa)	seest	[se:sʲt]
de (feito ~ pedra)	millest tehtud	[milʲesʲt tehtut]
dentro de (~ dez minutos)	pärast	[pærasʲt]
por cima de ...	läbi	[lʲæbi]

17. Palavras funcionais. Advérbios. Parte 1

Onde?	Kus?	[kus?]
aqui	siin	[si:n]
lá, ali	seal	[sealʲ]
em algum lugar	kuskil	[kuskilʲ]
em lugar nenhum	mitte kuskil	[mitte kuskilʲ]
ao pé de ...	juures	[ju:res]
ao pé da janela	akna juures	[akna ju:res]
Para onde?	Kuhu?	[kuhu?]
para cá	siia	[si:a]
para lá	sinna	[sinna]
daqui	siit	[si:t]
de lá, dali	sealt	[sealʲt]
perto	lähedal	[lʲæhedalʲ]
longe	kaugel	[kaugelʲ]
perto de ...	kõrval	[kɜrvalʲ]

ao lado de	lähedal	[lʲæhedalʲ]
perto, não fica longe	lähedale	[lʲæhedale]
esquerdo	vasak	[ʋasak]
à esquerda	vasakul	[ʋasakulʲ]
para esquerda	vasakule	[ʋasakule]
direito	parem	[parem]
à direita	paremal	[paremalʲ]
para direita	paremale	[paremale]
à frente	eest	[e:sʲt]
da frente	eesmine	[e:smine]
em frente (para a frente)	edasi	[edasi]
atrás de ...	taga	[taga]
por detrás (vir ~)	tagant	[tagant]
para trás	tagasi	[tagasi]
meio (m), metade (f)	keskkoht	[keskkoht]
no meio	keskel	[keskelʲ]
de lado	kõrvalt	[kɜrʋalʲt]
em todo lugar	igal pool	[igalʲ po:lʲ]
ao redor (olhar ~)	ümberringi	[ʉmberringi]
de dentro	seest	[se:sʲt]
para algum lugar	kuhugi	[kuhugi]
diretamente	otse	[otse]
de volta	tagasi	[tagasi]
de algum lugar	kuskilt	[kuskilʲt]
de um lugar	kuskilt	[kuskilʲt]
em primeiro lugar	esiteks	[esiteks]
em segundo lugar	teiseks	[tejseks]
em terceiro lugar	kolmandaks	[kolʲmandaks]
de repente	äkki	[ækki]
no início	alguses	[alʲguses]
pela primeira vez	esimest korda	[esimesʲt korda]
muito antes de ...	enne ...	[enne ...]
de novo, novamente	uuesti	[u:esʲti]
para sempre	päriseks	[pæriseks]
nunca	mitte kunagi	[mitte kunagi]
de novo	jälle	[jælʲe]
agora	nüüd	[nʉ:t]
frequentemente	sageli	[sageli]
então	siis	[si:s]
urgentemente	kiiresti	[ki:resʲti]
usualmente	tavaliselt	[taʋaliselʲt]
a propósito, ...	muuseas, ...	[mu:seas, ...]
é possível	võimalik	[ʋɜimalik]
provavelmente	tõenäoliselt	[tɜenæoliselʲt]

talvez	võib olla	[ʊɜib olʲæ]
além disso, ...	peale selle ...	[peale selʲe ...]
por isso ...	sellepärast	[selʲepærasʲt]
apesar de ...	... vaatamata	[... ʋa:tamata]
graças a ...	tänu ...	[tænu ...]

que (pron.)	mis	[mis]
que (conj.)	et	[et]
algo	miski	[miski]
alguma coisa	miski	[miski]
nada	mitte midagi	[mitte midagi]

quem	kes	[kes]
alguém (~ teve uma ideia ...)	keegi	[ke:gi]
alguém	keegi	[ke:gi]

ninguém	mitte keegi	[mitte ke:gi]
para lugar nenhum	mitte kuhugi	[mitte kuhugi]
de ninguém	ei kellegi oma	[ej kelʲegi oma]
de alguém	kellegi oma	[kelʲegi oma]

tão	nii	[ni:]
também (gostaria ~ de ...)	samuti	[samuti]
também (~ eu)	ka	[ka]

18. Palavras funcionais. Advérbios. Parte 2

Porquê?	Miks?	[miks?]
por alguma razão	millegi pärast	[milʲegi pærasʲt]
porque ...	sest ...	[sesʲt ...]
por qualquer razão	millekski	[milʲekski]

e (tu ~ eu)	ja	[ja]
ou (ser ~ não ser)	või	[ʊɜi]
mas (porém)	kuid	[kuit]
para (~ a minha mãe)	jaoks	[jaoks]

demasiado, muito	liiga	[li:ga]
só, somente	ainult	[ainulʲt]
exatamente	täpselt	[tæpselʲt]
cerca de (~ 10 kg)	umbes	[umbes]

aproximadamente	ligikaudu	[ligikaudu]
aproximado	ligikaudne	[ligikaudne]
quase	peaaegu	[pea:egu]
resto (m)	ülejäänud	[ᵾlejæ:nut]

o outro (segundo)	teine	[tejne]
outro	teiste	[tejsʲte]
cada	iga	[iga]
qualquer	mis tahes	[mis tahes]
muito	palju	[palju]
muitas pessoas	paljud	[paljut]
todos	kõik	[kɜik]

em troca de ...	... vastu	[... ʋasʲtu]
em troca	asemele	[asemele]
à mão	käsitsi	[kæsitsi]
pouco provável	vaevalt	[ʋaeʋalʲt]

provavelmente	vist	[ʋisʲt]
de propósito	meelega	[meːlega]
por acidente	juhuslikult	[juhuslikulʲt]

muito	väga	[ʋæga]
por exemplo	näiteks	[næjteks]
entre	vahel	[ʋahelʲ]
entre (no meio de)	keskel	[keskelʲ]
tanto	niipalju	[niːpalju]
especialmente	eriti	[eriti]

Conceitos básicos. Parte 2

19. Dias da semana

segunda-feira (f)	esmaspäev	[esmaspæəʊ]
terça-feira (f)	teisipäev	[tejsipæəʊ]
quarta-feira (f)	kolmapäev	[kolʲmapæəʊ]
quinta-feira (f)	neljapäev	[neljapæəʊ]
sexta-feira (f)	reede	[re:de]
sábado (m)	laupäev	[laupæəʊ]
domingo (m)	pühapäev	[pʉhapæəʊ]
hoje	täna	[tæna]
amanhã	homme	[homme]
depois de amanhã	ülehomme	[ʉlehomme]
ontem	eile	[ejle]
anteontem	üleeile	[ʉle:jle]
dia (m)	päev	[pæəʊ]
dia (m) de trabalho	tööpäev	[tø:pæəʊ]
feriado (m)	pidupäev	[pidupæəʊ]
dia (m) de folga	puhkepäev	[puhkepæəʊ]
fim (m) de semana	nädalavahetus	[nædalaʊahetus]
o dia todo	terve päev	[terʊe pæəʊ]
no dia seguinte	järgmiseks päevaks	[jærgmiseks pæəʊaks]
há dois dias	kaks päeva tagasi	[kaks pæəʊa tagasi]
na véspera	eile õhtul	[ejle ɜhtulʲ]
diário	igapäevane	[igapæəʊane]
todos os dias	iga päev	[iga pæəʊ]
semana (f)	nädal	[nædalʲ]
na semana passada	möödunud nädalal	[mø:dunut nædalalʲ]
na próxima semana	järgmisel nädalal	[jærgmiselʲ nædalalʲ]
semanal	iganädalane	[iganædalane]
cada semana	igal nädalal	[igalʲ nædalalʲ]
duas vezes por semana	kaks korda nädalas	[kaks korda nædalas]
cada terça-feira	igal teisipäeval	[igalʲ tejsipæəʊalʲ]

20. Horas. Dia e noite

manhã (f)	hommik	[hommik]
de manhã	hommikul	[hommikulʲ]
meio-dia (m)	keskpäev	[keskpæəʊ]
à tarde	pärast lõunat	[pærasʲt lɜunat]
noite (f)	õhtu	[ɜhtu]
à noite (noitinha)	õhtul	[ɜhtulʲ]

noite (f)	öö	[ø:]
à noite	öösel	[ø:selʲ]
meia-noite (f)	kesköö	[keskø:]

segundo (m)	sekund	[sekunt]
minuto (m)	minut	[minut]
hora (f)	tund	[tunt]
meia hora (f)	pool tundi	[po:lʲ tundi]
quarto (m) de hora	veerand tundi	[ʋe:rant tundi]
quinze minutos	viisteist minutit	[ʋi:sʲtejsʲt minutit]
vinte e quatro horas	ööpäev	[ø:pæeʋ]

nascer (m) do sol	päikesetõus	[pæjkesetɜus]
amanhecer (m)	koit	[kojt]
madrugada (f)	varahommik	[ʋarahommik]
pôr do sol (m)	loojang	[lo:jang]

de madrugada	hommikul vara	[hommikulʲ ʋara]
hoje de manhã	täna hommikul	[tæna hommikulʲ]
amanhã de manhã	homme hommikul	[homme hommikulʲ]

hoje à tarde	täna päeval	[tæna pæeʋalʲ]
à tarde	pärast lõunat	[pærasʲt lɜunat]
amanhã à tarde	homme pärast lõunat	[homme pærasʲt lɜunat]

| hoje à noite | täna õhtul | [tæna ɜhtulʲ] |
| amanhã à noite | homme õhtul | [homme ɜhtulʲ] |

às três horas em ponto	täpselt kell kolm	[tæpselʲt kelʲ kolʲm]
por volta das quatro	umbes kell neli	[umbes kelʲ neli]
às doze	kella kaheteistkümneks	[kelʲæ kahetejsʲtkumneks]

dentro de vinte minutos	kahekümne minuti pärast	[kahekumne minuti pærasʲt]
dentro duma hora	tunni aja pärast	[tunni aja pærasʲt]
a tempo	õigeks ajaks	[ɜigeks ajaks]

menos um quarto	kolmveerand	[kolʲmʋe:rant]
durante uma hora	tunni aja jooksul	[tunni aja jo:ksulʲ]
a cada quinze minutos	iga viieteist minuti tagant	[iga ʋi:etejsʲt minuti tagant]
as vinte e quatro horas	terve ööpäev	[terʋe ø:pæeʋ]

21. Meses. Estações

janeiro (m)	jaanuar	[ja:nuar]
fevereiro (m)	veebruar	[ʋe:bruar]
março (m)	märts	[mærts]
abril (m)	aprill	[aprilʲ]
maio (m)	mai	[mai]
junho (m)	juuni	[ju:ni]

julho (m)	juuli	[ju:li]
agosto (m)	august	[augusʲt]
setembro (m)	september	[september]
outubro (m)	oktoober	[okto:ber]

novembro (m)	november	[november]
dezembro (m)	detsember	[detsember]
primavera (f)	kevad	[keʋat]
na primavera	kevadel	[keʋadelʲ]
primaveril	kevadine	[keʋadine]
verão (m)	suvi	[suʋi]
no verão	suvel	[suʋelʲ]
de verão	suvine	[suʋine]
outono (m)	sügis	[sʉgis]
no outono	sügisel	[sʉgiselʲ]
outonal	sügisene	[sʉgisene]
inverno (m)	talv	[talʲʋ]
no inverno	talvel	[talʲʋelʲ]
de inverno	talvine	[talʲʋine]
mês (m)	kuu	[ku:]
este mês	selles kuus	[selʲes ku:s]
no próximo mês	järgmises kuus	[jærgmises ku:s]
no mês passado	möödunud kuus	[mø:dunut ku:s]
há um mês	kuu aega tagasi	[ku: aega tagasi]
dentro de um mês	kuu aja pärast	[ku: aja pærasʲt]
dentro de dois meses	kahe kuu pärast	[kahe ku: pærasʲt]
todo o mês	terve kuu	[terʋe ku:]
um mês inteiro	terve kuu	[terʋe ku:]
mensal	igakuine	[igakuine]
mensalmente	igas kuus	[igas ku:s]
cada mês	iga kuu	[iga ku:]
duas vezes por mês	kaks korda kuus	[kaks korda ku:s]
ano (m)	aasta	[a:sʲta]
este ano	sel aastal	[selʲ a:sʲtalʲ]
no próximo ano	järgmisel aastal	[jærgmiselʲ a:sʲtalʲ]
no ano passado	möödunud aastal	[mø:dunut a:sʲtalʲ]
há um ano	aasta tagasi	[a:sʲta tagasi]
dentro dum ano	aasta pärast	[a:sʲta pærasʲt]
dentro de 2 anos	kahe aasta pärast	[kahe a:sʲta pærasʲt]
todo o ano	kogu aasta	[kogu a:sʲta]
um ano inteiro	terve aasta	[terʋe a:sʲta]
cada ano	igal aastal	[igalʲ a:sʲtalʲ]
anual	iga-aastane	[iga-a:sʲtane]
anualmente	igal aastal	[igalʲ a:sʲtalʲ]
quatro vezes por ano	neli korda aastas	[neli korda a:sʲtas]
data (~ de hoje)	kuupäev	[ku:pæəʋ]
data (ex. ~ de nascimento)	kuupäev	[ku:pæəʋ]
calendário (m)	kalender	[kalender]
meio ano	pool aastat	[po:lʲ a:sʲtat]
seis meses	poolaasta	[po:la:sʲta]

| estação (f) | hooaeg | [hoːaeg] |
| século (m) | sajand | [sajant] |

22. Unidades de medida

peso (m)	kaal	[kaːlʲ]
comprimento (m)	pikkus	[pikkus]
largura (f)	laius	[laius]
altura (f)	kõrgus	[kɜrgus]
profundidade (f)	sügavus	[sʉgɑʋus]
volume (m)	maht	[mɑht]
área (f)	pindala	[pindala]

grama (m)	gramm	[gramm]
miligrama (m)	milligramm	[milʲigramm]
quilograma (m)	kilogramm	[kilogramm]
tonelada (f)	tonn	[tonn]
libra (453,6 gramas)	nael	[naelʲ]
onça (f)	unts	[unts]

metro (m)	meeter	[meːter]
milímetro (m)	millimeeter	[milʲimeːter]
centímetro (m)	sentimeeter	[sentimeːter]
quilómetro (m)	kilomeeter	[kilomeːter]
milha (f)	miil	[miːlʲ]

polegada (f)	toll	[tolʲ]
pé (304,74 mm)	jalg	[jalʲg]
jarda (914,383 mm)	jard	[jart]

| metro (m) quadrado | ruutmeeter | [ruːtmeːter] |
| hectare (m) | hektar | [hektar] |

litro (m)	liiter	[liːter]
grau (m)	kraad	[kraːt]
volt (m)	volt	[ʋolʲt]
ampere (m)	amper	[amper]
cavalo-vapor (m)	hobujõud	[hobujɜut]

quantidade (f)	hulk	[hulʲk]
um pouco de ...	veidi ...	[ʋejdi ...]
metade (f)	pool	[poːlʲ]

| dúzia (f) | tosin | [tosin] |
| peça (f) | tükk | [tʉkk] |

| dimensão (f) | suurus | [suːrus] |
| escala (f) | mastaap | [masʲtaːp] |

mínimo	minimaalne	[minimaːlʲne]
menor, mais pequeno	kõige väiksem	[kɜige ʋæjksem]
médio	keskmine	[keskmine]
máximo	maksimaalne	[maksimaːlʲne]
maior, mais grande	kõige suurem	[kɜige suːrem]

23. Recipientes

boião (m) de vidro	klaaspurk	[klɑ:spurk]
lata (~ de cerveja)	plekkpurk	[plekkpurk]
balde (m)	ämber	[æmber]
barril (m)	tünn	[tʉnn]

bacia (~ de plástico)	pesukauss	[pesukauss]
tanque (m)	paak	[pɑ:k]
cantil (m) de bolso	plasku	[plasku]
bidão (m) de gasolina	kanister	[kanisʲter]
cisterna (f)	tsistern	[tsisʲtern]

caneca (f)	kruus	[kru:s]
chávena (f)	tass	[tass]
pires (m)	alustass	[alusʲtass]
copo (m)	klaas	[klɑ:s]
taça (f) de vinho	veiniklaas	[ʋejniklɑ:s]
panela, caçarola (f)	pott	[pott]

garrafa (f)	pudel	[pudelʲ]
gargalo (m)	pudelikael	[pudelikaelʲ]

jarro, garrafa (f)	karahvin	[karahʋin]
jarro (m) de barro	kann	[kann]
recipiente (m)	nõu	[nɜu]
pote (m)	pott	[pott]
vaso (m)	vaas	[ʋɑ:s]

frasco (~ de perfume)	pudel	[pudelʲ]
frasquinho (ex. ~ de iodo)	rohupudel	[rohupudelʲ]
tubo (~ de pasta dentífrica)	tuub	[tu:b]

saca (ex. ~ de açúcar)	kott	[kott]
saco (~ de plástico)	kilekott	[kilekott]
maço (m)	pakk	[pakk]

caixa (~ de sapatos, etc.)	karp	[karp]
caixa (~ de madeira)	kast	[kasʲt]
cesta (f)	korv	[korʋ]

O SER HUMANO

O ser humano. O corpo

24. Cabeça

cabeça (f)	pea	[pea]
cara (f)	nägu	[nægu]
nariz (m)	nina	[nina]
boca (f)	suu	[su:]
olho (m)	silm	[silʲm]
olhos (m pl)	silmad	[silʲmat]
pupila (f)	silmatera	[silʲmatera]
sobrancelha (f)	kulm	[kulʲm]
pestana (f)	ripse	[ripse]
pálpebra (f)	silmalaug	[silʲmalaug]
língua (f)	keel	[ke:lʲ]
dente (m)	hammas	[hammas]
lábios (m pl)	huuled	[hu:let]
maçãs (f pl) do rosto	põsesarnad	[pɜsesarnat]
gengiva (f)	ige	[ige]
palato (m)	suulagi	[su:lagi]
narinas (f pl)	sõõrmed	[sɜ:rmet]
queixo (m)	lõug	[lɜug]
mandíbula (f)	lõualuu	[lɜualu:]
bochecha (f)	põsk	[pɜsk]
testa (f)	laup	[laup]
têmpora (f)	meelekoht	[me:lekoht]
orelha (f)	kõrv	[kɜrʊ]
nuca (f)	kukal	[kukalʲ]
pescoço (m)	kael	[kaelʲ]
garganta (f)	kõri	[kɜri]
cabelos (m pl)	juuksed	[ju:kset]
penteado (m)	soeng	[soeng]
corte (m) de cabelo	juukselõikus	[ju:kselɜikus]
peruca (f)	parukas	[parukas]
bigode (m)	vuntsid	[ʊuntsit]
barba (f)	habe	[habe]
usar, ter (~ barba, etc.)	kandma	[kandma]
trança (f)	pats	[pats]
suíças (f pl)	bakenbardid	[bakenbardit]
ruivo	punapea	[punapea]
grisalho	hall	[halʲ]

| calvo | kiilas | [ki:las] |
| calva (f) | kiilaspea | [ki:laspea] |

| rabo-de-cavalo (m) | hobusesaba | [hobusesaba] |
| franja (f) | tukk | [tukk] |

25. Corpo humano

| mão (f) | käelaba | [kæəlaba] |
| braço (m) | käsi | [kæsi] |

dedo (m)	sõrm	[sɜrm]
dedo (m) do pé	varvas	[ʋarʋas]
polegar (m)	pöial	[pøialʲ]
dedo (m) mindinho	väike sõrm	[ʋæjke sɜrm]
unha (f)	küüs	[kʉ:s]

punho (m)	rusikas	[rusikas]
palma (f) da mão	peopesa	[peopesa]
pulso (m)	ranne	[ranne]
antebraço (m)	küünarvars	[kʉ:narʋars]
cotovelo (m)	küünarnukk	[kʉ:narnukk]
ombro (m)	õlg	[ɜlʲg]

perna (f)	säär	[sæ:r]
pé (m)	jalalaba	[jalalaba]
joelho (m)	põlv	[pɜlʲʊ]
barriga (f) da perna	sääremari	[sæ:remari]
anca (f)	puus	[pu:s]
calcanhar (m)	kand	[kant]

corpo (m)	keha	[keha]
barriga (f)	kõht	[kɜht]
peito (m)	rind	[rint]
seio (m)	rind	[rint]
lado (m)	külg	[kʉlʲg]
costas (f pl)	selg	[selʲg]
região (f) lombar	ristluud	[risʲtlu:t]
cintura (f)	talje	[talje]

umbigo (m)	naba	[naba]
nádegas (f pl)	tuharad	[tuharat]
traseiro (m)	tagumik	[tagumik]

sinal (m)	sünnimärk	[sʉnnimærk]
sinal (m) de nascença	sünnimärk	[sʉnnimærk]
tatuagem (f)	tätoveering	[tætoʋe:ring]
cicatriz (f)	arm	[arm]

Vestuário & Acessórios

26. Roupa exterior. Casacos

roupa (f)	riided	[riːdet]
roupa (f) exterior	üleriided	[ɥleriːdet]
roupa (f) de inverno	talveriided	[talʲʋeriːdet]
sobretudo (m)	mantel	[mantelʲ]
casaco (m) de peles	kasukas	[kasukas]
casaco curto (m) de peles	poolkasukas	[poːlʲkasukas]
casaco (m) acolchoado	sulejope	[sulejope]
casaco, blusão (m)	jope	[jope]
impermeável (m)	vihmamantel	[ʋihmamantelʲ]
impermeável	veekindel	[ʋeːkindelʲ]

27. Vestuário de homem & mulher

camisa (f)	särk	[særk]
calças (f pl)	püksid	[pɥksit]
calças (f pl) de ganga	teksapüksid	[teksapɥksit]
casaco (m) de fato	pintsak	[pintsak]
fato (m)	ülikond	[ɥlikont]
vestido (ex. ~ vermelho)	kleit	[klejt]
saia (f)	seelik	[seːlik]
blusa (f)	pluus	[pluːs]
casaco (m) de malha	villane jakk	[ʋilʲæne jakk]
casaco, blazer (m)	pluus	[pluːs]
T-shirt, camiseta (f)	T-särk	[t-særk]
calções (Bermudas, etc.)	põlvpüksid	[pɜlʲʋpɥksit]
fato (m) de treino	dress	[dress]
roupão (m) de banho	hommikumantel	[hommikumantelʲ]
pijama (m)	pidžaama	[pidʒaːma]
suéter (m)	sviiter	[sʋiːter]
pulôver (m)	pullover	[pulʲoʋer]
colete (m)	vest	[ʋesʲt]
fraque (m)	frakk	[frakk]
smoking (m)	smoking	[smoking]
uniforme (m)	vormiriietus	[ʋormiriːetus]
roupa (f) de trabalho	tööriietus	[tøːriːetus]
fato-macaco (m)	kombineson	[kombinesoːn]
bata (~ branca, etc.)	kittel	[kittelʲ]

28. Vestuário. Roupa interior

roupa (f) interior	pesu	[pesu]
cuecas boxer (f pl)	trussikud	[trussikut]
cuecas (f pl)	trussikud	[trussikut]
camisola (f) interior	alussärk	[alussærk]
peúgas (f pl)	sokid	[sokit]
camisa (f) de noite	öösärk	[ø:særk]
sutiã (m)	rinnahoidja	[rinnahojdja]
meias longas (f pl)	põlvikud	[pɜlʲʊikut]
meia-calça (f)	sukkpüksid	[sukkpʉksit]
meias (f pl)	sukad	[sukat]
fato (m) de banho	trikoo	[triko:]

29. Adereços de cabeça

chapéu (m)	müts	[mʉts]
chapéu (m) de feltro	kaabu	[ka:bu]
boné (m) de beisebol	pesapallimüts	[pesapalʲimʉts]
boné (m)	soni	[soni]
boina (f)	barett	[barett]
capuz (m)	kapuuts	[kapu:ts]
panamá (m)	panama	[panama]
gorro (m) de malha	kootud müts	[ko:tut mʉts]
lenço (m)	rätik	[rætik]
chapéu (m) de mulher	kübar	[kʉbar]
capacete (m) de proteção	kiiver	[ki:ʋer]
bibico (m)	pilotka	[pilotka]
capacete (m)	lendurimüts	[lendurimʉts]
chapéu-coco (m)	kübar	[kʉbar]
chapéu (m) alto	silinder	[silinder]

30. Calçado

calçado (m)	jalatsid	[jalatsit]
botinas (f pl)	poolsaapad	[po:lʲsa:pat]
sapatos (de salto alto, etc.)	kingad	[kingat]
botas (f pl)	saapad	[sa:pat]
pantufas (f pl)	sussid	[sussit]
ténis (m pl)	tossud	[tossut]
sapatilhas (f pl)	ketsid	[ketsit]
sandálias (f pl)	sandaalid	[sanda:lit]
sapateiro (m)	kingsepp	[kingsepp]
salto (m)	konts	[konts]

par (m)	paar	[pa:r]
atacador (m)	kingapael	[kingapaelʲ]
apertar os atacadores	kingapaelu siduma	[kingapaelu siduma]
calçadeira (f)	kingalusikas	[kingalusikas]
graxa (f) para calçado	kingakreem	[kingakre:m]

31. Acessórios pessoais

luvas (f pl)	sõrmkindad	[sɜrmkindat]
mitenes (f pl)	labakindad	[labakindat]
cachecol (m)	sall	[salʲ]
óculos (m pl)	prillid	[prilʲit]
armação (f) de óculos	prilliraamid	[prilʲira:mit]
guarda-chuva (m)	vihmavari	[ʋihmaʋari]
bengala (f)	jalutuskepp	[jalutuskepp]
escova (f) para o cabelo	juuksehari	[ju:ksehari]
leque (m)	lehvik	[lehʋik]
gravata (f)	lips	[lips]
gravata-borboleta (f)	kikilips	[kikilips]
suspensórios (m pl)	traksid	[traksit]
lenço (m)	taskurätik	[taskurætik]
pente (m)	kamm	[kamm]
travessão (m)	juukseklamber	[ju:kseklamber]
gancho (m) de cabelo	juuksenõel	[ju:ksenɜelʲ]
fivela (f)	pannal	[pannalʲ]
cinto (m)	vöö	[ʋø:]
correia (f)	rihm	[rihm]
mala (f)	kott	[kott]
mala (f) de senhora	käekott	[kæekott]
mochila (f)	seljakott	[seljakott]

32. Vestuário. Diversos

moda (f)	mood	[mo:t]
na moda	moodne	[mo:dne]
estilista (m)	moekunstnik	[moekunsʲtnik]
colarinho (m), gola (f)	krae	[krae]
bolso (m)	tasku	[tasku]
de bolso	tasku-	[tasku-]
manga (f)	varrukas	[ʋarrukas]
alcinha (f)	tripp	[tripp]
braguilha (f)	püksiauk	[pʉksiauk]
fecho (m) de correr	tõmblukk	[tɜmblukk]
fecho (m), colchete (m)	kinnis	[kinnis]
botão (m)	nööp	[nø:p]

| casa (f) de botão | nööpauk | [nø:pauk] |
| soltar-se (vr) | eest ära tulema | [e:sʲt æra tulema] |

coser, costurar (vi)	õmblema	[ɜmblema]
bordar (vt)	tikkima	[tikkima]
bordado (m)	tikkimine	[tikkimine]
agulha (f)	nõel	[nɜelʲ]
fio (m)	niit	[ni:t]
costura (f)	õmblus	[ɜmblus]

sujar-se (vr)	ära määrima	[æra mæ:rima]
mancha (f)	plekk	[plekk]
engelhar-se (vr)	kortsu minema	[kortsu minema]
rasgar (vt)	katki minema	[katki minema]
traça (f)	koi	[koj]

33. Cuidados pessoais. Cosméticos

pasta (f) de dentes	hambapasta	[hambapasʲta]
escova (f) de dentes	hambahari	[hambahari]
escovar os dentes	hambaid pesema	[hambait pesema]

máquina (f) de barbear	pardel	[pardelʲ]
creme (m) de barbear	habemeajamiskreem	[habemeajamiskre:m]
barbear-se (vr)	habet ajama	[habet ajama]

| sabonete (m) | seep | [se:p] |
| champô (m) | šampoon | [ʃampo:n] |

tesoura (f)	käärid	[kæ:rit]
lima (f) de unhas	küüneviil	[kʉ:neʋi:lʲ]
corta-unhas (m)	küünekäärid	[kʉ:nekæ:rit]
pinça (f)	pintsett	[pintsett]

cosméticos (m pl)	kosmeetika	[kosme:tika]
máscara (f) facial	mask	[mask]
manicura (f)	maniküür	[manikʉ:r]
fazer a manicura	maniküüri tegema	[manikʉ:ri tegema]
pedicure (f)	pediküür	[pedikʉ:r]

mala (f) de maquilhagem	kosmeetikakott	[kosme:tikakott]
pó (m)	puuder	[pu:der]
caixa (f) de pó	puudritoos	[pu:drito:s]
blush (m)	põsepuna	[pɜsepuna]

perfume (m)	lõhnaõli	[lɜhnaɜli]
água (f) de toilette	tualettvesi	[tualettʋesi]
loção (f)	näovesi	[næoʋesi]
água-de-colónia (f)	odekolonn	[odekolonn]

sombra (f) de olhos	lauvärv	[lauʋæru]
lápis (m) delineador	silmapliiats	[silʲmapli:ats]
máscara (f), rímel (m)	ripsmetušš	[ripsmetuʃʃ]
batom (m)	huulepulk	[hu:lepulʲk]

verniz (m) de unhas	küünelakk	[kʉːnelakk]
laca (f) para cabelos	juukselakk	[juːkselakk]
desodorizante (m)	desodorant	[desodorant]

creme (m)	kreem	[kreːm]
creme (m) de rosto	näokreem	[næokreːm]
creme (m) de mãos	kätekreem	[kætekreːm]
creme (m) antirrugas	kortsudevastane kreem	[kortsudeʋasʲtane kreːm]
creme (m) de dia	päevakreem	[pæeʋakreːm]
creme (m) de noite	öökreem	[øːkreːm]
de dia	päeva-	[pæeʋa-]
da noite	öö-	[øː-]

tampão (m)	tampoon	[tampoːn]
papel (m) higiénico	tualettpaber	[tualettpaber]
secador (m) elétrico	föön	[føːn]

34. Relógios de pulso. Relógios

relógio (m) de pulso	käekell	[kæəkelʲ]
mostrador (m)	sihverplaat	[sihʋerplaːt]
ponteiro (m)	osuti	[osuti]
bracelete (f) em aço	kellarihm	[kelʲærihm]
bracelete (f) em couro	kellarihm	[kelʲærihm]

pilha (f)	patarei	[patarej]
descarregar-se	tühjaks saama	[tʉhjaks saːma]
trocar a pilha	patareid vahetama	[patarejt ʋahetama]
estar adiantado	ette käima	[ette kæjma]
estar atrasado	taha jääma	[taha jæːma]

relógio (m) de parede	seinakell	[sejnakelʲ]
ampulheta (f)	liivakell	[liːʋakelʲ]
relógio (m) de sol	päiksekell	[pæjksekelʲ]
despertador (m)	äratuskell	[æratuskelʲ]
relojoeiro (m)	kellassepp	[kelʲæssepp]
reparar (vt)	parandama	[parandama]

Alimentação. Nutrição

35. Comida

carne (f)	liha	[liha]
galinha (f)	kana	[kana]
frango (m)	kanapoeg	[kanapoeg]
pato (m)	part	[part]
ganso (m)	hani	[hani]
caça (f)	metslinnud	[metslinnut]
peru (m)	kalkun	[kalʲkun]
carne (f) de porco	sealiha	[sealiha]
carne (f) de vitela	vasikaliha	[ʋasikaliha]
carne (f) de carneiro	lambaliha	[lambaliha]
carne (f) de vaca	loomaliha	[loːmaliha]
carne (f) de coelho	küülik	[kɯːlik]
chouriço, salsichão (m)	vorst	[ʋorsʲt]
salsicha (f)	viiner	[ʋiːner]
bacon (m)	peekon	[peːkon]
fiambre (f)	sink	[sink]
presunto (m)	sink	[sink]
patê (m)	pasteet	[pasʲteːt]
fígado (m)	maks	[maks]
carne (f) moída	hakkliha	[hakkliha]
língua (f)	keel	[keːlʲ]
ovo (m)	muna	[muna]
ovos (m pl)	munad	[munat]
clara (f) do ovo	munavalge	[munaʋalʲge]
gema (f) do ovo	munakollane	[munakolʲæne]
peixe (m)	kala	[kala]
mariscos (m pl)	mereannid	[mereannit]
crustáceos (m pl)	koorikloomad	[koːrikloːmat]
caviar (m)	kalamari	[kalamari]
caranguejo (m)	krabi	[krabi]
camarão (m)	krevett	[kreʋett]
ostra (f)	auster	[ausʲter]
lagosta (f)	langust	[langusʲt]
polvo (m)	kaheksajalg	[kaheksajalʲg]
lula (f)	kalmaar	[kalʲmaːr]
esturjão (m)	tuurakala	[tuːrakala]
salmão (m)	lõhe	[lɜhe]
halibute (m)	paltus	[palʲtus]
bacalhau (m)	tursk	[tursk]

cavala, sarda (f)	skumbria	[skumbria]
atum (m)	tuunikala	[tu:nikala]
enguia (f)	angerjas	[angerjas]

truta (f)	forell	[forelʲ]
sardinha (f)	sardiin	[sardi:n]
lúcio (m)	haug	[haug]
arenque (m)	heeringas	[he:ringas]

pão (m)	leib	[lejb]
queijo (m)	juust	[ju:sʲt]
açúcar (m)	suhkur	[suhkur]
sal (m)	sool	[so:lʲ]

arroz (m)	riis	[ri:s]
massas (f pl)	makaronid	[makaronit]
talharim (m)	lintnuudlid	[lintnu:tlit]

manteiga (f)	või	[ʋɜi]
óleo (m) vegetal	taimeõli	[taimeɜli]
óleo (m) de girassol	päevalilleõli	[pæeʋaliˡʲeɜli]
margarina (f)	margariin	[margari:n]

| azeitonas (f pl) | oliivid | [oli:ʋit] |
| azeite (m) | oliivõli | [oli:ʋɜli] |

leite (m)	piim	[pi:m]
leite (m) condensado	kondenspiim	[kondenspi:m]
iogurte (m)	jogurt	[jogurt]
nata (f) azeda	hapukoor	[hapuko:r]
nata (f) do leite	koor	[ko:r]

| maionese (f) | majonees | [majone:s] |
| creme (m) | kreem | [kre:m] |

grãos (m pl) de cereais	tangud	[tangut]
farinha (f)	jahu	[jahu]
enlatados (m pl)	konservid	[konserʋit]

flocos (m pl) de milho	maisihelbed	[maisihelʲbet]
mel (m)	mesi	[mesi]
doce (m)	džemm	[dʒemm]
pastilha (f) elástica	närimiskumm	[nærimiskumm]

36. Bebidas

água (f)	vesi	[ʋesi]
água (f) potável	joogivesi	[jo:giʋesi]
água (f) mineral	mineraalvesi	[minera:lʲʋesi]

sem gás	gaasita	[ga:sita]
gaseificada	gaseeritud	[gase:ritut]
com gás	gaasiga	[ga:siga]
gelo (m)	jää	[jæ:]

com gelo	jääga	[jæːga]
sem álcool	alkoholivaba	[alʲkoholiʋaba]
bebida (f) sem álcool	alkoholivaba jook	[alʲkoholiʋaba joːk]
refresco (m)	karastusjook	[karasʲtusjoːk]
limonada (f)	limonaad	[limonaːt]

bebidas (f pl) alcoólicas	alkoholsed joogid	[alʲkohoːlʲset joːgit]
vinho (m)	vein	[ʋejn]
vinho (m) branco	valge vein	[ʋalʲge ʋejn]
vinho (m) tinto	punane vein	[punane ʋejn]

licor (m)	liköör	[likøːr]
champanhe (m)	šampus	[ʃampus]
vermute (m)	vermut	[ʋermut]

uísque (m)	viski	[ʋiski]
vodka (f)	viin	[ʋiːn]
gim (m)	džinn	[dʒinn]
conhaque (m)	konjak	[konjak]
rum (m)	rumm	[rumm]

café (m)	kohv	[kohʋ]
café (m) puro	must kohv	[musʲt kohʋ]
café (m) com leite	piimaga kohv	[piːmaga kohʋ]
cappuccino (m)	koorega kohv	[koːrega kohʋ]
café (m) solúvel	lahustuv kohv	[lahusʲtuʋ kohʋ]

leite (m)	piim	[piːm]
coquetel (m)	kokteil	[koktejlʲ]
batido (m) de leite	piimakokteil	[piːmakoktejlʲ]

sumo (m)	mahl	[mahlʲ]
sumo (m) de tomate	tomatimahl	[tomatimahlʲ]
sumo (m) de laranja	apelsinimahl	[apelʲsinimahlʲ]
sumo (m) fresco	värskelt pressitud mahl	[ʋærskelʲt pressitut mahlʲ]

cerveja (f)	õlu	[ɜlu]
cerveja (f) clara	hele õlu	[hele ɜlu]
cerveja (f) preta	tume õlu	[tume ɜlu]

chá (m)	tee	[teː]
chá (m) preto	must tee	[musʲt teː]
chá (m) verde	roheline tee	[roheline teː]

37. Vegetais

| legumes (m pl) | juurviljad | [juːrʋiljat] |
| verduras (f pl) | maitseroheline | [maitseroheline] |

tomate (m)	tomat	[tomat]
pepino (m)	kurk	[kurk]
cenoura (f)	porgand	[porgant]
batata (f)	kartul	[kartulʲ]
cebola (f)	sibul	[sibulʲ]

alho (m)	küüslauk	[kʉ:slauk]
couve (f)	kapsas	[kapsas]
couve-flor (f)	lillkapsas	[lilʲkapsas]
couve-de-bruxelas (f)	brüsseli kapsas	[brʉsseli kapsas]
brócolos (m pl)	brokkoli	[brokkoli]
beterraba (f)	peet	[pe:t]
beringela (f)	baklažaan	[baklaʒa:n]
curgete (f)	suvikõrvits	[suʋikɜrʋits]
abóbora (f)	kõrvits	[kɜrʋits]
nabo (m)	naeris	[naeris]
salsa (f)	petersell	[peterselʲ]
funcho, endro (m)	till	[tilʲ]
alface (f)	salat	[salat]
aipo (m)	seller	[selʲer]
espargo (m)	aspar	[aspar]
espinafre (m)	spinat	[spinat]
ervilha (f)	hernes	[hernes]
fava (f)	oad	[oat]
milho (m)	mais	[mais]
feijão (m)	aedoad	[aedoat]
pimentão (m)	pipar	[pipar]
rabanete (m)	redis	[redis]
alcachofra (f)	artišokk	[artiʃokk]

38. Frutos. Nozes

fruta (f)	puuvili	[pu:ʋili]
maçã (f)	õun	[ɜun]
pera (f)	pirn	[pirn]
limão (m)	sidrun	[sidrun]
laranja (f)	apelsin	[apelʲsin]
morango (m)	aedmaasikas	[aedma:sikas]
tangerina (f)	mandariin	[mandari:n]
ameixa (f)	ploom	[plo:m]
pêssego (m)	virsik	[ʋirsik]
damasco (m)	aprikoos	[apriko:s]
framboesa (f)	vaarikas	[ʋa:rikas]
ananás (m)	ananass	[ananass]
banana (f)	banaan	[bana:n]
melancia (f)	arbuus	[arbu:s]
uva (f)	viinamarjad	[ʋi:namarjat]
ginja (f)	kirss	[kirss]
cereja (f)	murel	[murelʲ]
meloa (f)	melon	[melon]
toranja (f)	greip	[grejp]
abacate (m)	avokaado	[aʋoka:do]
papaia (f)	papaia	[papaia]

manga (f)	mango	[mango]
romã (f)	granaatõun	[granaːtʒun]

groselha (f) vermelha	punane sõstar	[punane sɜsʲtar]
groselha (f) preta	must sõstar	[musʲt sɜsʲtar]
groselha (f) espinhosa	karusmari	[karusmari]
mirtilo (m)	mustikas	[musʲtikas]
amora silvestre (f)	põldmari	[pɜlʲdmari]

uvas (f pl) passas	rosinad	[rosinat]
figo (m)	ingver	[ingʋer]
tâmara (f)	dattel	[dattelʲ]

amendoim (m)	maapähkel	[maːpæhkelʲ]
amêndoa (f)	mandlipähkel	[mantlipæhkelʲ]
noz (f)	kreeka pähkel	[kreːka pæhkelʲ]
avelã (f)	sarapuupähkel	[sarapuːpæhkelʲ]
coco (m)	kookospähkel	[koːkospæhkelʲ]
pistáchios (m pl)	pistaatsiapähkel	[pisʲtaːtsiapæhkelʲ]

39. Pão. Bolaria

pastelaria (f)	kondiitritooted	[kondiːtritoːtet]
pão (m)	leib	[lejb]
bolacha (f)	küpsis	[kʉpsis]

chocolate (m)	šokolaad	[ʃokolaːt]
de chocolate	šokolaadi-	[ʃokolaːdi-]
rebuçado (m)	komm	[komm]
bolo (cupcake, etc.)	kook	[koːk]
bolo (m) de aniversário	tort	[tort]

tarte (~ de maçã)	pirukas	[pirukas]
recheio (m)	täidis	[tæjdis]

doce (m)	moos	[moːs]
geleia (f) de frutas	marmelaad	[marmelaːt]
waffle (m)	vahvlid	[ʋahʋlit]
gelado (m)	jäätis	[jæːtis]

40. Pratos cozinhados

prato (m)	roog	[roːg]
cozinha (~ portuguesa)	köök	[køːk]
receita (f)	retsept	[retsept]
porção (f)	portsjon	[portsjon]

salada (f)	salat	[salat]
sopa (f)	supp	[supp]

caldo (m)	puljong	[puljong]
sandes (f)	võileib	[ʋɜjlejb]

ovos (m pl) estrelados	munaroog	[munaro:g]
hambúrguer (m)	hamburger	[hamburger]
bife (m)	biifsteek	[bi:fsʲte:k]

conduto (m)	lisand	[lisant]
espaguete (m)	spagetid	[spagetit]
puré (m) de batata	kartulipüree	[kartulipɤre:]
pizza (f)	pitsa	[pitsa]
papa (f)	puder	[puder]
omelete (f)	omlett	[omlett]

cozido em água	keedetud	[ke:detut]
fumado	suitsutatud	[suitsutatut]
frito	praetud	[praetut]
seco	kuivatatud	[kuiʋatatut]
congelado	külmutatud	[kʉlʲmutatut]
em conserva	marineeritud	[marine:ritut]

doce (açucarado)	magus	[magus]
salgado	soolane	[so:lane]
frio	külm	[kʉlʲm]
quente	kuum	[ku:m]
amargo	mõru	[mɜru]
gostoso	maitsev	[maitseʋ]

cozinhar (em água a ferver)	keetma	[ke:tma]
fazer, preparar (vt)	süüa tegema	[sʉ:a tegema]
fritar (vt)	praadima	[pra:dima]
aquecer (vt)	soojendama	[so:jendama]

salgar (vt)	soolama	[so:lama]
apimentar (vt)	pipardama	[pipardama]
ralar (vt)	riivima	[ri:ʋima]
casca (f)	koor	[ko:r]
descascar (vt)	koorima	[ko:rima]

41. Especiarias

sal (m)	sool	[so:lʲ]
salgado	soolane	[so:lane]
salgar (vt)	soolama	[so:lama]

pimenta (f) preta	must pipar	[musʲt pipar]
pimenta (f) vermelha	punane pipar	[punane pipar]
mostarda (f)	sinep	[sinep]
raiz-forte (f)	mädarõigas	[mædarɜigas]

condimento (m)	maitseaine	[maitseaine]
especiaria (f)	vürts	[ʋɤrts]
molho (m)	kaste	[kasʲte]
vinagre (m)	äädikas	[æ:dikas]

anis (m)	aniis	[ani:s]
manjericão (m)	basiilik	[basi:lik]

cravo (m)	nelk	[nelʲk]
gengibre (m)	ingver	[inguer]
coentro (m)	koriander	[koriander]
canela (f)	kaneel	[kane:lʲ]
sésamo (m)	seesamiseemned	[se:samise:mnet]
folhas (f pl) de louro	loorber	[lo:rber]
páprica (f)	paprika	[paprika]
cominho (m)	köömned	[kø:mnet]
açafrão (m)	safran	[safran]

42. Refeições

comida (f)	söök	[sø:k]
comer (vt)	sööma	[sø:ma]
pequeno-almoço (m)	hommikusöök	[hommikusø:k]
tomar o pequeno-almoço	hommikust sööma	[hommikusʲt sø:ma]
almoço (m)	lõuna	[lɜuna]
almoçar (vi)	lõunat sööma	[lɜunat sø:ma]
jantar (m)	õhtusöök	[ɜhtusø:k]
jantar (vi)	õhtust sööma	[ɜhtusʲt sø:ma]
apetite (m)	söögiisu	[sø:gi:su]
Bom apetite!	Head isu!	[heat isu!]
abrir (~ uma lata, etc.)	avama	[auama]
derramar (vt)	maha valama	[maha ualama]
derramar-se (vr)	maha voolama	[maha uo:lama]
ferver (vi)	keema	[ke:ma]
ferver (vt)	keetma	[ke:tma]
fervido	keedetud	[ke:detut]
arrefecer (vt)	jahutama	[jahutama]
arrefecer-se (vr)	jahtuma	[jahtuma]
sabor, gosto (m)	maitse	[maitse]
gostinho (m)	kõrvalmaitse	[kɜrualʲmaitse]
fazer dieta	kaalus alla võtma	[ka:lus alʲæ uɜtma]
dieta (f)	dieet	[die:t]
vitamina (f)	vitamiin	[uitami:n]
caloria (f)	kalor	[kalor]
vegetariano (m)	taimetoitlane	[taimetojtlane]
vegetariano	taimetoitluslik	[taimetojtluslik]
gorduras (f pl)	rasvad	[rasuat]
proteínas (f pl)	valgud	[ualʲgut]
carboidratos (m pl)	süsivesikud	[susiuesikut]
fatia (~ de limão, etc.)	viil	[ui:lʲ]
pedaço (~ de bolo)	tükk	[tʉkk]
migalha (f)	puru	[puru]

43. Por a mesa

colher (f)	lusikas	[lusikas]
faca (f)	nuga	[nuga]
garfo (m)	kahvel	[kahʋelʲ]
chávena (f)	tass	[tass]
prato (m)	taldrik	[talʲdrik]
pires (m)	alustass	[alusʲtass]
guardanapo (m)	salvrätik	[salʲʋrætik]
palito (m)	hambaork	[hambaork]

44. Restaurante

restaurante (m)	restoran	[resʲtoran]
café (m)	kohvituba	[kohʋituba]
bar (m), cervejaria (f)	baar	[ba:r]
salão (m) de chá	teesalong	[te:salong]
empregado (m) de mesa	kelner	[kelʲner]
empregada (f) de mesa	ettekandja	[ettekandja]
barman (m)	baarimees	[ba:rime:s]
ementa (f)	menüü	[menʉ:]
lista (f) de vinhos	veinikaart	[ʋejnika:rt]
reservar uma mesa	lauda kinni panema	[lauda kinni panema]
prato (m)	roog	[ro:g]
pedir (vt)	tellima	[telʲima]
fazer o pedido	tellimust andma	[telʲimusʲt andma]
aperitivo (m)	aperitiiv	[aperiti:ʋ]
entrada (f)	suupiste	[su:pisʲte]
sobremesa (f)	magustoit	[magusʲtojt]
conta (f)	arve	[arʋe]
pagar a conta	arvet maksma	[arʋet maksma]
dar o troco	raha tagasi andma	[raha tagasi andma]
gorjeta (f)	jootraha	[jo:traha]

Família, parentes e amigos

45. Informação pessoal. Formulários

nome (m)	eesnimi	[eːsnimi]
apelido (m)	perekonnnimi	[perekonnnimi]
data (f) de nascimento	sünniaeg	[sʉnniaeg]
local (m) de nascimento	sünnikoht	[sʉnnikoht]
nacionalidade (f)	rahvus	[rahʊus]
lugar (m) de residência	elukoht	[elukoht]
país (m)	riik	[riːk]
profissão (f)	elukutse	[elukutse]
sexo (m)	sugu	[sugu]
estatura (f)	kasv	[kasʊ]
peso (m)	kaal	[kaːlʲ]

46. Membros da família. Parentes

mãe (f)	ema	[ema]
pai (m)	isa	[isa]
filho (m)	poeg	[poeg]
filha (f)	tütar	[tʉtar]
filha (f) mais nova	noorem tütar	[noːrem tʉtar]
filho (m) mais novo	noorem poeg	[noːrem poeg]
filha (f) mais velha	vanem tütar	[ʋanem tʉtar]
filho (m) mais velho	vanem poeg	[ʋanem poeg]
irmão (m)	vend	[ʋent]
irmão (m) mais velho	vanem vend	[ʋanem ʋent]
irmão (m) mais novo	noorem vend	[noːrem ʋent]
irmã (f)	õde	[ɜde]
irmã (f) mais velha	vanem õde	[ʋanem ɜde]
irmã (f) mais nova	noorem õde	[noːrem ɜde]
primo (m)	onupoeg	[onupoeg]
prima (f)	onutütar	[onutʉtar]
mamã (f)	mamma	[mamma]
papá (m)	papa	[papa]
pais (pl)	vanemad	[ʋanemat]
criança (f)	laps	[laps]
crianças (f pl)	lapsed	[lapset]
avó (f)	vanaema	[ʋanaema]
avô (m)	vanaisa	[ʋanaisa]
neto (m)	lapselaps	[lapselaps]

neta (f)	lapselaps	[lapselaps]
netos (pl)	lapselapsed	[lapselapset]

tio (m)	onu	[onu]
tia (f)	tädi	[tædi]
sobrinho (m)	vennapoeg	[ʋennapoeg]
sobrinha (f)	vennatütar	[ʋennatɵtar]

sogra (f)	ämm	[æmm]
sogro (m)	äi	[æj]
genro (m)	väimees	[ʋæjmeːs]
madrasta (f)	võõrasema	[ʋɜːrasema]
padrasto (m)	võõrasisa	[ʋɜːrasisa]

criança (f) de colo	rinnalaps	[rinnalaps]
bebé (m)	imik	[imik]
menino (m)	väikelaps	[ʋæjkelaps]

mulher (f)	naine	[naine]
marido (m)	mees	[meːs]
esposo (m)	abikaasa	[abikaːsa]
esposa (f)	abikaasa	[abikaːsa]

casado	abielus	[abielus]
casada	abielus	[abielus]
solteiro	vallaline	[ʋalʲæline]
solteirão (m)	vanapoiss	[ʋanapojss]
divorciado	lahutatud	[lahutatut]
viúva (f)	lesk	[lesk]
viúvo (m)	lesk	[lesk]

parente (m)	sugulane	[sugulane]
parente (m) próximo	lähedane sugulane	[lʲæhedane sugulane]
parente (m) distante	kaugelt sugulane	[kaugelʲt sugulane]
parentes (m pl)	sugulased	[sugulaset]

órfão (m), órfã (f)	orb	[orb]
tutor (m)	eestkostja	[eːsʲtkosʲtja]
adotar (um filho)	lapsendama	[lapsendama]
adotar (uma filha)	lapsendama	[lapsendama]

Medicina

47. Doenças

doença (f)	haigus	[haigus]
estar doente	haige olema	[haige olema]
saúde (f)	tervis	[tervis]
nariz (m) a escorrer	nohu	[nohu]
amigdalite (f)	angiin	[angi:n]
constipação (f)	külmetus	[kʉlʲmetus]
constipar-se (vr)	külmetuma	[kʉlʲmetuma]
bronquite (f)	bronhiit	[bronhi:t]
pneumonia (f)	kopsupõletik	[kopsupɜletik]
gripe (f)	gripp	[gripp]
míope	lühinägelik	[lʉhinægelik]
presbita	kaugenägelik	[kaugenægelik]
estrabismo (m)	köördsilmsus	[kɜ:rdsilʲmsus]
estrábico	köördsilmne	[kɜ:rdsilʲmne]
catarata (f)	katarakt	[katarakt]
glaucoma (m)	glaukoom	[glauko:m]
AVC (m), apoplexia (f)	insult	[insulʲt]
ataque (m) cardíaco	infarkt	[infarkt]
enfarte (m) do miocárdio	müokardi infarkt	[mʉokardi infarkt]
paralisia (f)	halvatus	[halʲvatus]
paralisar (vt)	halvama	[halʲvama]
alergia (f)	allergia	[alʲergia]
asma (f)	astma	[asʲtma]
diabetes (f)	diabeet	[diabe:t]
dor (f) de dentes	hambavalu	[hambavalu]
cárie (f)	kaaries	[ka:ries]
diarreia (f)	kõhulahtisus	[kɜhulahtisus]
prisão (f) de ventre	kõhukinnisus	[kɜhukinnisus]
desarranjo (m) intestinal	kõhulahtisus	[kɜhulahtisus]
intoxicação (f) alimentar	mürgitus	[mʉrgitus]
intoxicar-se	mürgitust saama	[mʉrgitusʲt sa:ma]
artrite (f)	artriit	[artri:t]
raquitismo (m)	rahhiit	[rahhi:t]
reumatismo (m)	reuma	[reuma]
arteriosclerose (f)	ateroskleroos	[ateroskleːro:s]
gastrite (f)	gastriit	[gasʲtri:t]
apendicite (f)	apenditsiit	[apenditsi:t]

colecistite (f)	koletsüstiit	[koletsüsʲtiːt]
úlcera (f)	haavand	[haːʋant]
sarampo (m)	leetrid	[leːtrit]
rubéola (f)	punetised	[punetiset]
itericia (f)	kollatõbi	[kolʲætɜbi]
hepatite (f)	hepatiit	[hepatiːt]
esquizofrenia (f)	skisofreenia	[skisofreːnia]
raiva (f)	marutaud	[marutaut]
neurose (f)	neuroos	[neuroːs]
comoção (f) cerebral	ajuvapustus	[ajuʋapusʲtus]
cancro (m)	vähk	[ʋæhk]
esclerose (f)	skleroos	[skleroːs]
esclerose (f) múltipla	hajameelne skleroos	[hajameːlʲne skleroːs]
alcoolismo (m)	alkoholism	[alʲkoholism]
alcoólico (m)	alkohoolik	[alʲkohoːlik]
sífilis (f)	süüfilis	[süːfilis]
SIDA (f)	AIDS	[aids]
tumor (m)	kasvaja	[kasʋaja]
maligno	pahaloomuline	[pahaloːmuline]
benigno	healoomuline	[healoːmuline]
febre (f)	palavik	[palaʋik]
malária (f)	malaaria	[malaːria]
gangrena (f)	gangreen	[gangreːn]
enjoo (m)	merehaigus	[merehaigus]
epilepsia (f)	epilepsia	[epilepsia]
epidemia (f)	epideemia	[epideːmia]
tifo (m)	tüüfus	[tüːfus]
tuberculose (f)	tuberkuloos	[tuberkuloːs]
cólera (f)	koolera	[koːlera]
peste (f)	katk	[katk]

48. Sintomas. Tratamentos. Parte 1

sintoma (m)	sümptom	[sümptom]
temperatura (f)	temperatuur	[temperatuːr]
febre (f)	kõrge palavik	[kɜrge palaʋik]
pulso (m)	pulss	[pulʲss]
vertigem (f)	peapööritus	[peapøːritus]
quente (testa, etc.)	kuum	[kuːm]
calafrio (m)	vappekülm	[ʋappekülʲm]
pálido	kahvatu	[kahʋatu]
tosse (f)	köha	[køha]
tossir (vi)	köhima	[køhima]
espirrar (vi)	aevastama	[aeʋasʲtama]
desmaio (m)	minestus	[minesʲtus]

desmaiar (vi)	teadvust kaotama	[teaduusʲt kaotama]
nódoa (f) negra	sinikas	[sinikas]
galo (m)	muhk	[muhk]
magoar-se (vr)	ära lööma	[æra lø:ma]
pisadura (f)	haiget saanud koht	[haiget sa:nut koht]
aleijar-se (vr)	haiget saama	[haiget sa:ma]
coxear (vi)	lonkama	[lonkama]
deslocação (f)	nihestus	[nihesʲtus]
deslocar (vt)	nihestama	[nihesʲtama]
fratura (f)	luumurd	[lu:murt]
fraturar (vt)	luud murdma	[lu:t murdma]
corte (m)	lõikehaav	[lɜikeha:ʊ]
cortar-se (vr)	endale sisse lõikama	[endale sisse lɜikama]
hemorragia (f)	verejooks	[ʊerejo:ks]
queimadura (f)	põletushaav	[pɜletusha:ʊ]
queimar-se (vr)	end ära põletama	[ent æra pɜletama]
picar (vt)	torkama	[torkama]
picar-se (vr)	end torkama	[ent torkama]
lesionar (vt)	kergelt haavama	[kergelʲt ha:ʊama]
lesão (m)	vigastus	[ʊigasʲtus]
ferida (f), ferimento (m)	haav	[ha:ʊ]
trauma (m)	trauma	[trauma]
delirar (vi)	sonima	[sonima]
gaguejar (vi)	kokutama	[kokutama]
insolação (f)	päiksepiste	[pæjksepisʲte]

49. Sintomas. Tratamentos. Parte 2

dor (f)	valu	[ʊalu]
farpa (no dedo)	pind	[pint]
suor (m)	higi	[hɪgi]
suar (vi)	higistama	[higisʲtama]
vómito (m)	okse	[okse]
convulsões (f pl)	krambid	[krambit]
grávida	rase	[rase]
nascer (vi)	sündima	[sʉndima]
parto (m)	sünnitus	[sʉnnitus]
dar à luz	sünnitama	[sʉnnitama]
aborto (m)	abort	[abort]
respiração (f)	hingamine	[hingamine]
inspiração (f)	sissehingamine	[sissehingamine]
expiração (f)	väljahingamine	[ʊæljahingamine]
expirar (vi)	välja hingama	[ʊælja hingama]
inspirar (vi)	sisse hingama	[sisse hingama]
inválido (m)	invaliid	[inʊali:t]
aleijado (m)	vigane	[ʊigane]

toxicodependente (m)	narkomaan	[narkoma:n]
surdo	kurt	[kurt]
mudo	tumm	[tumm]
surdo-mudo	kurttumm	[kurttumm]

louco (adj.)	hullumeelne	[hulʲume:lʲne]
louco (m)	vaimuhaige	[ʋaimuhaige]
louca (f)	vaimuhaige	[ʋaimuhaige]
ficar louco	hulluks minema	[hulʲuks minema]

gene (m)	geen	[ge:n]
imunidade (f)	immuniteet	[immunite:t]
hereditário	pärilik	[pærilik]
congénito	kaasasündinud	[ka:sasʉndinut]

vírus (m)	viirus	[ʋi:rus]
micróbio (m)	mikroob	[mikro:b]
bactéria (f)	bakter	[bakter]
infeção (f)	nakkus	[nakkus]

50. Sintomas. Tratamentos. Parte 3

hospital (m)	haigla	[haigla]
paciente (m)	patsient	[patsient]

diagnóstico (m)	diagnoos	[diagno:s]
cura (f)	iseravimine	[iseraʋimine]
tratamento (m) médico	ravimine	[raʋimine]
curar-se (vr)	ennast ravima	[ennasʲt raʋima]
tratar (vt)	ravima	[raʋima]
cuidar (pessoa)	hoolitsema	[ho:litsema]
cuidados (m pl)	hoolitsus	[ho:litsus]

operação (f)	operatsioon	[operatsio:n]
enfaixar (vt)	siduma	[siduma]
enfaixamento (m)	sidumine	[sidumine]

vacinação (f)	vaktsineerimine	[ʋaktsine:rimine]
vacinar (vt)	vaktsineerima	[ʋaktsine:rima]
injeção (f)	süst	[sʉsʲt]
dar uma injeção	süstima	[sʉsʲtima]

ataque (~ de asma, etc.)	haigushoog	[haigusho:g]
amputação (f)	amputeerimine	[ampute:rimine]
amputar (vt)	amputeerima	[ampute:rima]
coma (f)	kooma	[ko:ma]
estar em coma	koomas olema	[ko:mas olema]
reanimação (f)	reanimatsioon	[reanimatsio:n]

recuperar-se (vr)	terveks saama	[terʋeks sa:ma]
estado (~ de saúde)	seisund	[sejsunt]
consciência (f)	teadvus	[teadʋus]
memória (f)	mälu	[mælu]
tirar (vt)	hammast välja tõmbama	[hammasʲt ʋælja tɜmbama]

| chumbo (m), obturação (f) | plomm | [plomm] |
| chumbar, obturar (vt) | plombeerima | [plombeːrima] |

| hipnose (f) | hüpnoos | [hɐpnoːs] |
| hipnotizar (vt) | hüpnotiseerima | [hɐpnotiseːrima] |

51. Médicos

médico (m)	arst	[arsʲt]
enfermeira (f)	medõde	[medɜde]
médico (m) pessoal	isiklik arst	[isiklik arsʲt]

dentista (m)	hambaarst	[hambaːrsʲt]
oculista (m)	silmaarst	[silʲmaːrsʲt]
terapeuta (m)	sisearst	[sisearsʲt]
cirurgião (m)	kirurg	[kirurg]

psiquiatra (m)	psühhiaater	[psɐhhiaːter]
pediatra (m)	lastearst	[lasʲtearsʲt]
psicólogo (m)	psühholoog	[psɐhholoːg]
ginecologista (m)	naistearst	[naisʲtearsʲt]
cardiologista (m)	kardioloog	[kardioloːg]

52. Medicina. Drogas. Acessórios

medicamento (m)	ravim	[rauim]
remédio (m)	vahend	[uahent]
receitar (vt)	välja kirjutama	[uælja kirjutama]
receita (f)	retsept	[retsept]

comprimido (m)	tablett	[tablett]
pomada (f)	salv	[salʲu]
ampola (f)	ampull	[ampulʲ]
preparado (m)	mikstuur	[miksʲtuːr]
xarope (m)	siirup	[siːrup]
cápsula (f)	pill	[pilʲ]
remédio (m) em pó	pulber	[pulʲber]

ligadura (f)	side	[side]
algodão (m)	vatt	[uatt]
iodo (m)	jood	[joːt]

penso (m) rápido	plaaster	[plaːsʲter]
conta-gotas (m)	pipett	[pipett]
termómetro (m)	kraadiklaas	[kraːdiklaːs]
seringa (f)	süstal	[sɐsʲtalʲ]

| cadeira (f) de rodas | invaliidikäru | [inualiːdikæru] |
| muletas (f pl) | kargud | [kargut] |

| analgésico (m) | valuvaigisti | [ualuuaigisʲti] |
| laxante (m) | kõhulahtisti | [kɜhulahtisʲti] |

álcool (m) etílico	**piiritus**	[pi:ritus]
ervas (f pl) medicinais	**maarohud**	[ma:rohut]
de ervas (chá ~)	**maarohtudest**	[ma:rohtudesʲt]

HABITAT HUMANO

Cidade

53. Cidade. Vida na cidade

cidade (f)	linn	[linn]
capital (f)	pealinn	[pealinn]
aldeia (f)	küla	[kʉla]
mapa (m) da cidade	linnaplaan	[linnapla:n]
centro (m) da cidade	kesklinn	[kesklinn]
subúrbio (m)	linnalähedane asula	[linnalʲæhedane asula]
suburbano	linnalähedane	[linnalʲæhedane]
periferia (f)	äärelinn	[æ:relinn]
arredores (m pl)	ümbrus	[ʉmbrus]
quarteirão (m)	kvartal	[kʋartalʲ]
quarteirão (m) residencial	elamukvartal	[elamukʋartalʲ]
tráfego (m)	liiklus	[li:klus]
semáforo (m)	valgusfoor	[ʋalʲgusfo:r]
transporte (m) público	linnatransport	[linnatransport]
cruzamento (m)	ristmik	[risʲtmik]
passadeira (f)	ülekäik	[ʉlekæjk]
passagem (f) subterrânea	jalakäijate tunnel	[jalakæjjate tunnelʲ]
cruzar, atravessar (vt)	üle tänava minema	[ʉle tænaʋa minema]
peão (m)	jalakäija	[jalakæjja]
passeio (m)	kõnnitee	[kɜnnite:]
ponte (f)	sild	[silʲt]
margem (f) do rio	kaldapealne	[kalʲdapealʲne]
fonte (f)	purskkaev	[purskkaeʋ]
alameda (f)	allee	[alʲe:]
parque (m)	park	[park]
bulevar (m)	puiestee	[puiesʲte:]
praça (f)	väljak	[ʋæljak]
avenida (f)	prospekt	[prospekt]
rua (f)	tänav	[tænaʋ]
travessa (f)	põiktänav	[pɜiktænaʋ]
beco (m) sem saída	umbtänav	[umbtænaʋ]
casa (f)	maja	[maja]
edifício, prédio (m)	hoone	[ho:ne]
arranha-céus (m)	pilvelõhkuja	[pilʲʋelɜhkuja]
fachada (f)	fassaad	[fassa:t]
telhado (m)	katus	[katus]

janela (f)	aken	[aken]
arco (m)	võlv	[vɜlʲv]
coluna (f)	sammas	[sammas]
esquina (f)	nurk	[nurk]
montra (f)	vaateaken	[vɑ:teaken]
letreiro (m)	silt	[silʲt]
cartaz (m)	kuulutus	[ku:lutus]
cartaz (m) publicitário	reklaamiplakat	[rekla:miplakat]
painel (m) publicitário	reklaamikilp	[rekla:mikilʲp]
lixo (m)	prügi	[prʉgi]
cesta (f) do lixo	prügiurn	[prʉgiurn]
jogar lixo na rua	prahti maha viskama	[prahti maha vɪskama]
aterro (m) sanitário	prügimägi	[prʉgimægi]
cabine (f) telefónica	telefoniputka	[telefoniputka]
candeeiro (m) de rua	laternapost	[laternaposʲt]
banco (m)	pink	[pink]
polícia (m)	politseinik	[politsejnik]
polícia (instituição)	politsei	[politsej]
mendigo (m)	kerjus	[kerjus]
sem-abrigo (m)	pätt	[pætt]

54. Instituições urbanas

loja (f)	kauplus	[kauplus]
farmácia (f)	apteek	[apte:k]
ótica (f)	optika	[optika]
centro (m) comercial	kaubanduskeskus	[kaubanduskeskus]
supermercado (m)	supermarket	[supermarket]
padaria (f)	leivapood	[lejʋapo:t]
padeiro (m)	pagar	[pagar]
pastelaria (f)	kondiitripood	[kondi:tripo:t]
mercearia (f)	toidupood	[tojdupo:t]
talho (m)	lihakarn	[lihakarn]
loja (f) de legumes	juurviljapood	[ju:rvɪljapo:t]
mercado (m)	turg	[turg]
café (m)	kohvik	[kohʋik]
restaurante (m)	restoran	[resʲtoran]
bar (m), cervejaria (f)	õllebaar	[ɜlʲeba:r]
pizzaria (f)	pitsabaar	[pitsaba:r]
salão (m) de cabeleireiro	juuksurisalong	[ju:ksurisalong]
correios (m pl)	postkontor	[posʲtkontor]
lavandaria (f)	keemiline puhastus	[ke:miline puhasʲtus]
estúdio (m) fotográfico	fotoateljee	[fotoatelje:]
sapataria (f)	kingapood	[kingapo:t]
livraria (f)	raamatukauplus	[ra:matukauplus]

loja (f) de artigos de desporto	sporditarvete kauplus	[sporditarʋete kauplus]
reparação (f) de roupa	riieteparandus	[riːeteparandus]
aluguer (m) de roupa	riietelaenutus	[riːetelaenutus]
aluguer (m) de filmes	filmilaenutus	[filʲmilaenutus]
circo (m)	tsirkus	[tsirkus]
jardim (m) zoológico	loomaaed	[loːmaːet]
cinema (m)	kino	[kino]
museu (m)	muuseum	[muːseum]
biblioteca (f)	raamatukogu	[raːmatukogu]
teatro (m)	teater	[teater]
ópera (f)	ooper	[oːper]
clube (m) noturno	ööklubi	[øːklubi]
casino (m)	kasiino	[kasiːno]
mesquita (f)	mošee	[moʃeː]
sinagoga (f)	sünagoog	[sʉnagoːg]
catedral (f)	katedraal	[katedraːlʲ]
templo (m)	pühakoda	[pʉhakoda]
igreja (f)	kirik	[kirik]
instituto (m)	instituut	[insʲtituːt]
universidade (f)	ülikool	[ʉlikoːlʲ]
escola (f)	kool	[koːlʲ]
prefeitura (f)	linnaosa valitsus	[linnaosa ʋalitsus]
câmara (f) municipal	linnavalitsus	[linnaʋalitsus]
hotel (m)	hotell	[hotelʲ]
banco (m)	pank	[pank]
embaixada (f)	suursaatkond	[suːrsaːtkont]
agência (f) de viagens	reisibüroo	[rejsibʉroː]
agência (f) de informações	teadete büroo	[teadete bʉroː]
casa (f) de câmbio	rahavahetus	[rahaʋahetus]
metro (m)	metroo	[metroː]
hospital (m)	haigla	[haigla]
posto (m) de gasolina	tankla	[tankla]
parque (m) de estacionamento	parkla	[parkla]

55. Sinais

letreiro (m)	silt	[silʲt]
inscrição (f)	pealkiri	[pealʲkiri]
cartaz, póster (m)	plakat	[plakat]
sinal (m) informativo	teeviit	[teːʋiːt]
seta (f)	nool	[noːlʲ]
aviso (advertência)	hoiatus	[hojatus]
sinal (m) de aviso	hoiatus	[hojatus]
avisar, advertir (vt)	hoiatama	[hojatama]
dia (m) de folga	puhkepäev	[puhkepæeʋ]

horário (m)	sõiduplaan	[sɜidupla:n]
horário (m) de funcionamento	töötunnid	[tø:tunnit]
BEM-VINDOS!	TERE TULEMAST!	[tere tulemasʲt!]
ENTRADA	SISSEPÄÄS	[sissepæ:s]
SAÍDA	VÄLJAPÄÄS	[ʋæljapæ:s]
EMPURRE	LÜKKA	[lʉkka]
PUXE	TÕMBA	[tɜmba]
ABERTO	AVATUD	[aʋatut]
FECHADO	SULETUD	[suletut]
MULHER	NAISTELE	[naisʲtele]
HOMEM	MEESTELE	[me:sʲtele]
DESCONTOS	SOODUSTUSED	[so:dusʲtuset]
SALDOS	VÄLJAMÜÜK	[ʋæljamʉ:k]
NOVIDADE!	UUS KAUP!	[u:s kaup!]
GRÁTIS	TASUTA	[tasuta]
ATENÇÃO!	ETTEVAATUST!	[etteʋa:tusʲt!]
NÃO HÁ VAGAS	TÄIELIKULT BRONEERITUD	[tæjelikulʲt brone:ritut]
RESERVADO	RESERVEERITUD	[reserʋe:ritut]
ADMINISTRAÇÃO	JUHTKOND	[juhtkont]
SOMENTE PESSOAL AUTORIZADO	AINULT PERSONALILE	[ainulʲt personalile]
CUIDADO CÃO FEROZ	KURI KOER	[kuri koer]
PROIBIDO FUMAR!	MITTE SUITSETADA!	[mitte suitsetada!]
NÃO TOCAR	MITTE PUUTUDA!	[mitte pu:tuda!]
PERIGOSO	OHTLIK	[ohtlik]
PERIGO	OHT	[oht]
ALTA TENSÃO	KÕRGEPINGE	[kɜrgepinge]
PROIBIDO NADAR	UJUMINE KEELATUD!	[ujumine ke:latut!]
AVARIADO	EI TÖÖTA	[ej tø:ta]
INFLAMÁVEL	TULEOHTLIK	[tuleohtlik]
PROIBIDO	KEELATUD	[ke:latut]
ENTRADA PROIBIDA	LÄBIKÄIK KEELATUD	[lʲæbikæjk ke:latut]
CUIDADO TINTA FRESCA	VÄRSKE VÄRV	[ʋærske ʋærʋ]

56. Transportes urbanos

autocarro (m)	buss	[buss]
elétrico (m)	tramm	[tramm]
troleicarro (m)	troll	[trolʲ]
itinerário (m)	marsruut	[marsru:t]
número (m)	number	[number]
ir de ... (carro, etc.)	... sõitma	[... sɜitma]
entrar (~ no autocarro)	sisenema	[sisenema]

descer de ...	maha minema	[maha minema]
paragem (f)	peatus	[peatus]
próxima paragem (f)	järgmine peatus	[jærgmine peatus]
ponto (m) final	lõpp-peatus	[lɜpp-peatus]
horário (m)	sõiduplaan	[sɜidupla:n]
esperar (vt)	ootama	[o:tama]
bilhete (m)	pilet	[pilet]
custo (m) do bilhete	pileti hind	[pileti hint]
bilheteiro (m)	kassiir	[kassi:r]
controlo (m) dos bilhetes	piletikontroll	[piletikontrolʲ]
revisor (m)	kontrolör	[kontrolør]
atrasar-se (vr)	hilinema	[hilinema]
perder (o autocarro, etc.)	hiljaks jääma	[hiljaks jæ:ma]
estar com pressa	ruttama	[ruttama]
táxi (m)	takso	[takso]
taxista (m)	taksojuht	[taksojuht]
de táxi (ir ~)	taksoga	[taksoga]
praça (f) de táxis	taksopeatus	[taksopeatus]
chamar um táxi	taksot välja kutsuma	[taksot ʋælja kutsuma]
apanhar um táxi	taksot võtma	[taksot ʋɜtma]
tráfego (m)	tänavaliiklus	[tænaʋali:klus]
engarrafamento (m)	liiklusummik	[li:klusummik]
horas (f pl) de ponta	tipptund	[tipptunt]
estacionar (vi)	parkima	[parkima]
estacionar (vt)	parkima	[parkima]
parque (m) de estacionamento	parkla	[parkla]
metro (m)	metroo	[metro:]
estação (f)	jaam	[ja:m]
ir de metro	metrooga sõitma	[metro:ga sɜitma]
comboio (m)	rong	[rong]
estação (f)	raudteejaam	[raudte:ja:m]

57. Turismo

monumento (m)	mälestussammas	[mælesʲtussammas]
fortaleza (f)	kindlus	[kintlus]
palácio (m)	loss	[loss]
castelo (m)	loss	[loss]
torre (f)	torn	[torn]
mausoléu (m)	mausoleum	[mausoleum]
arquitetura (f)	arhitektuur	[arhitektu:r]
medieval	keskaegne	[keskaegne]
antigo	vanaaegne	[ʋana:egne]
nacional	rahvuslik	[rahʋuslik]
conhecido	tuntud	[tuntut]
turista (m)	turist	[turisʲt]
guia (pessoa)	giid	[gi:t]

excursão (f)	ekskursioon	[ekskursio:n]
mostrar (vt)	näitama	[næjtama]
contar (vt)	jutustama	[jutusʲtama]
encontrar (vt)	leidma	[lejdma]
perder-se (vr)	ära kaduma	[æra kaduma]
mapa (~ do metrô)	skeem	[ske:m]
mapa (~ da cidade)	plaan	[pla:n]
lembrança (f), presente (m)	suveniir	[suʋeni:r]
loja (f) de presentes	suveniirikauplus	[suʋeni:rikauplus]
fotografar (vt)	pildistama	[pilʲdisʲtama]
fotografar-se	laskma pildistada	[laskma pilʲdisʲtada]

58. Compras

comprar (vt)	ostma	[osʲtma]
compra (f)	ost	[osʲt]
fazer compras	oste tegema	[osʲte tegema]
compras (f pl)	šoppamine	[ʃoppamine]
estar aberta (loja, etc.)	lahti olema	[lahti olema]
estar fechada	kinni olema	[kinni olema]
calçado (m)	jalatsid	[jalatsit]
roupa (f)	riided	[ri:det]
cosméticos (m pl)	kosmeetika	[kosme:tika]
alimentos (m pl)	toiduained	[tojduainet]
presente (m)	kingitus	[kingitus]
vendedor (m)	müüja	[mʉ:ja]
vendedora (f)	müüja	[mʉ:ja]
caixa (f)	kassa	[kassa]
espelho (m)	peegel	[pe:gelʲ]
balcão (m)	lett	[lett]
cabine (f) de provas	proovikabiin	[pro:ʋikabi:n]
provar (vt)	selga proovima	[selʲga pro:ʋima]
servir (vi)	paras olema	[paras olema]
gostar (apreciar)	meeldima	[me:lʲdima]
preço (m)	hind	[hint]
etiqueta (f) de preço	hinnalipik	[hinnalipik]
custar (vt)	maksma	[maksma]
Quanto?	Kui palju?	[kui palju?]
desconto (m)	allahindlus	[alʲæhintlus]
não caro	odav	[odaʋ]
barato	odav	[odaʋ]
caro	kallis	[kalʲis]
É caro	See on kallis.	[se: on kalʲis]
aluguer (m)	laenutus	[laenutus]
alugar (vestidos, etc.)	laenutama	[laenutama]

crédito (m)	pangalaen	[pangalaen]
a crédito	krediiti võtma	[krediːti ʊɜtma]

59. Dinheiro

dinheiro (m)	raha	[raha]
câmbio (m)	vahetus	[ʊahetus]
taxa (f) de câmbio	kurss	[kurss]
Caixa Multibanco (m)	pangaautomaat	[pangaːutomaːt]
moeda (f)	münt	[mʉnt]
dólar (m)	dollar	[dolʲær]
euro (m)	euro	[euro]
lira (f)	liir	[liːr]
marco (m)	mark	[mark]
franco (m)	frank	[frank]
libra (f) esterlina	naelsterling	[naelʲsʲterling]
iene (m)	jeen	[jeːn]
dívida (f)	võlg	[ʊɜlʲg]
devedor (m)	võlgnik	[ʊɜlʲgnik]
emprestar (vt)	võlgu andma	[ʊɜlʲgu andma]
pedir emprestado	võlgu võtma	[ʊɜlʲgu ʊɜtma]
banco (m)	pank	[pank]
conta (f)	pangakonto	[pangakonto]
depositar (vt)	panema	[panema]
depositar na conta	arvele panema	[arʊele panema]
levantar (vt)	arvelt võtma	[arʊelʲt ʊɜtma]
cartão (m) de crédito	krediidikaart	[krediːdikaːrt]
dinheiro (m) vivo	sularaha	[sularaha]
cheque (m)	tšekk	[tʃekk]
passar um cheque	tšekki välja kirjutama	[tʃekki ʊælja kirjutama]
livro (m) de cheques	tšekiraamat	[tʃekiraːmat]
carteira (f)	rahatasku	[rahatasku]
porta-moedas (m)	rahakott	[rahakott]
cofre (m)	seif	[sejf]
herdeiro (m)	pärija	[pærija]
herança (f)	pärandus	[pærandus]
fortuna (riqueza)	varandus	[ʊarandus]
arrendamento (m)	rent	[rent]
renda (f) de casa	korteriüür	[korteriʉːr]
alugar (vt)	üürima	[ʉːrima]
preço (m)	hind	[hint]
custo (m)	maksumus	[maksumus]
soma (f)	summa	[summa]
gastar (vt)	raiskama	[raiskama]
gastos (m pl)	kulutused	[kulutuset]

economizar (vi)	kokku hoidma	[kokku hojdma]
económico	kokkuhoidlik	[kokkuhojtlik]
pagar (vt)	tasuma	[tasuma]
pagamento (m)	maksmine	[maksmine]
troco (m)	tagasiantav raha	[tagasiantaʋ raha]
imposto (m)	maks	[maks]
multa (f)	trahv	[trahʋ]
multar (vt)	trahvima	[trahʋima]

60. Correios. Serviço postal

correios (m pl)	postkontor	[posʲtkontor]
correio (m)	post	[posʲt]
carteiro (m)	postiljon	[posʲtiljon]
horário (m)	töötunnid	[tø:tunnit]
carta (f)	kiri	[kiri]
carta (f) registada	tähitud kiri	[tæhitut kiri]
postal (m)	postkaart	[posʲtka:rt]
telegrama (m)	telegramm	[telegramm]
encomenda (f) postal	pakk	[pakk]
remessa (f) de dinheiro	rahaülekanne	[rahaülekanne]
receber (vt)	kätte saama	[kætte sa:ma]
enviar (vt)	saatma	[sa:tma]
envio (m)	saatmine	[sa:tmine]
endereço (m)	aadress	[a:dress]
código (m) postal	indeks	[indeks]
remetente (m)	saatja	[sa:tja]
destinatário (m)	saaja	[sa:ja]
nome (m)	eesnimi	[e:snimi]
apelido (m)	perekonnanimi	[perekonnanimi]
tarifa (f)	tariif	[tari:f]
ordinário	harilik	[harilik]
económico	soodustariif	[so:dusʲtari:f]
peso (m)	kaal	[ka:lʲ]
pesar (estabelecer o peso)	kaaluma	[ka:luma]
envelope (m)	ümbrik	[ümbrik]
selo (m)	mark	[mark]
colar o selo	marki peale kleepima	[marki peale kle:pima]

Moradia. Casa. Lar

61. Casa. Eletricidade

eletricidade (f)	elekter	[elekter]
lâmpada (f)	elektripirn	[elektripirn]
interruptor (m)	lüliti	[lüliti]
fusível (m)	kork	[kork]
fio, cabo (m)	juhe	[juhe]
instalação (f) elétrica	juhtmestik	[juhtmesˈtik]
contador (m) de eletricidade	arvesti	[arʋesˈti]
indicação (f), registo (m)	näit	[næjt]

62. Moradia. Mansão

casa (f) de campo	maamaja	[maːmaja]
vila (f)	villa	[ʋilˈæ]
ala (~ do edifício)	välistrepp	[ʋælisˈtrepp]
jardim (m)	aed	[aet]
parque (m)	park	[park]
estufa (f)	kasvuhoone	[kasʋuhoːne]
cuidar de ...	hoolitsema	[hoːlitsema]
piscina (f)	bassein	[bassejn]
ginásio (m)	spordisaal	[spordisaːlʲ]
campo (m) de ténis	tenniseväljak	[tenniseʋæljak]
cinema (m)	kino	[kino]
garagem (f)	garaaž	[garaːʒ]
propriedade (f) privada	eraomand	[eraomant]
terreno (m) privado	eravaldus	[eraʋalʲdus]
advertência (f)	hoiatus	[hojatus]
sinal (m) de aviso	kirjalik hoiatus	[kirjalik hojatus]
guarda (f)	valve	[ʋalʲʋe]
guarda (m)	turvamees	[turʋameːs]
alarme (m)	signalisatsioon	[signalisatsioːn]

63. Apartamento

apartamento (m)	korter	[korter]
quarto (m)	tuba	[tuba]
quarto (m) de dormir	magamistuba	[magamisˈtuba]

sala (f) de jantar	söögituba	[sø:gituba]
sala (f) de estar	külalistuba	[kʉlalisʲtuba]
escritório (m)	kabinet	[kabinet]

antessala (f)	esik	[esik]
quarto (m) de banho	vannituba	[ʋannituba]
toilette (lavabo)	tualett	[tualett]

teto (m)	lagi	[lagi]
chão, soalho (m)	põrand	[pɜrant]
canto (m)	nurk	[nurk]

64. Mobiliário. Interior

mobiliário (m)	mööbel	[mø:belʲ]
mesa (f)	laud	[laut]
cadeira (f)	tool	[to:lʲ]
cama (f)	voodi	[ʋo:di]

| divã (m) | diivan | [di:ʋan] |
| cadeirão (m) | tugitool | [tugito:lʲ] |

| estante (f) | raamatukapp | [ra:matukapp] |
| prateleira (f) | raamaturiiul | [ra:maturi:ulʲ] |

guarda-vestidos (m)	riidekapp	[ri:dekapp]
cabide (m) de parede	varn	[ʋarn]
cabide (m) de pé	nagi	[nagi]

| cómoda (f) | kummut | [kummut] |
| mesinha (f) de centro | diivanilaud | [di:ʋanilaut] |

espelho (m)	peegel	[pe:gelʲ]
tapete (m)	vaip	[ʋaip]
tapete (m) pequeno	uksematt	[uksematt]

lareira (f)	kamin	[kamin]
vela (f)	küünal	[kʉ:nalʲ]
castiçal (m)	küünlajalg	[kʉ:nlajalʲg]

cortinas (f pl)	külgkardinad	[kʉlʲgkardinat]
papel (m) de parede	tapeet	[tape:t]
estores (f pl)	ribakardinad	[ribakardinat]

| candeeiro (m) de mesa | laualamp | [laualamp] |
| candeeiro (m) de parede | valgusti | [ʋalʲgusʲti] |

| candeeiro (m) de pé | põrandalamp | [pɜrandalamp] |
| lustre (m) | lühter | [lʉhter] |

pé (de mesa, etc.)	jalg	[jalʲg]
braço (m)	käetugi	[kæetugi]
costas (f pl)	seljatugi	[seljatugi]
gaveta (f)	sahtel	[sahtelʲ]

65. Quarto de dormir

roupa (f) de cama	voodipesu	[ʊo:dipesu]
almofada (f)	padi	[padi]
fronha (f)	padjapüür	[padjapʉ:r]
cobertor (m)	tekk	[tekk]
lençol (m)	voodilina	[ʊo:dilina]
colcha (f)	voodikate	[ʊo:dikate]

66. Cozinha

cozinha (f)	köök	[kø:k]
gás (m)	gaas	[ga:s]
fogão (m) a gás	gaasipliit	[ga:sipli:t]
fogão (m) elétrico	elektripliit	[elektripli:t]
forno (m)	praeahi	[praeahi]
forno (m) de micro-ondas	mikrolaineahi	[mikrolaineahi]
frigorífico (m)	külmkapp	[kʉlʲmkapp]
congelador (m)	jääkapp	[jæ:kapp]
máquina (f) de lavar louça	nõudepesumasin	[nɜudepesumasin]
moedor (m) de carne	hakklihamasin	[hakklihamasin]
espremedor (m)	mahlapress	[mahlapress]
torradeira (f)	röster	[røsʲter]
batedeira (f)	mikser	[mikser]
máquina (f) de café	kohvikeetja	[kohʊike:tja]
cafeteira (f)	kohvikann	[kohʊikann]
moinho (m) de café	kohviveski	[kohʊiʊeski]
chaleira (f)	veekeetja	[ʊe:ke:tja]
bule (m)	teekann	[te:kann]
tampa (f)	kaas	[ka:s]
coador (m) de chá	teesõel	[te:sɜelʲ]
colher (f)	lusikas	[lusikas]
colher (f) de chá	teelusikas	[te:lusikas]
colher (f) de sopa	supilusikas	[supilusikas]
garfo (m)	kahvel	[kahʊelʲ]
faca (f)	nuga	[nuga]
louça (f)	toidunõud	[tojdunɜut]
prato (m)	taldrik	[talʲdrik]
pires (m)	alustass	[alusʲtass]
cálice (m)	napsiklaas	[napsikla:s]
copo (m)	klaas	[kla:s]
chávena (f)	tass	[tass]
açucareiro (m)	suhkrutoos	[suhkruto:s]
saleiro (m)	soolatoos	[so:lato:s]
pimenteiro (m)	pipratops	[pipratops]

manteigueira (f)	võitoos	[vɔito:s]
panela, caçarola (f)	pott	[pott]
frigideira (f)	pann	[pann]
concha (f)	supikulp	[supikulʲp]
passador (m)	kurnkopsik	[kurnkopsik]
bandeja (f)	kandik	[kandik]
garrafa (f)	pudel	[pudelʲ]
boião (m) de vidro	klaaspurk	[kla:spurk]
lata (f)	plekkpurk	[plekkpurk]
abre-garrafas (m)	pudeliavaja	[pudeliavaja]
abre-latas (m)	konserviavaja	[konserviavaja]
saca-rolhas (m)	korgitser	[korgitser]
filtro (m)	filter	[filʲter]
filtrar (vt)	filtreerima	[filʲtre:rima]
lixo (m)	prügi	[prʉgi]
balde (m) do lixo	prügiämber	[prʉgiæmber]

67. Casa de banho

quarto (m) de banho	vannituba	[vannituba]
água (f)	vesi	[vesi]
torneira (f)	kraan	[kra:n]
água (f) quente	soe vesi	[soe vesi]
água (f) fria	külm vesi	[kʉlʲm vesi]
pasta (f) de dentes	hambapasta	[hambapasʲta]
escovar os dentes	hambaid pesema	[hambait pesema]
escova (f) de dentes	hambahari	[hambahari]
barbear-se (vr)	habet ajama	[habet ajama]
espuma (f) de barbear	habemeajamiskreem	[habemeajamiskre:m]
máquina (f) de barbear	pardel	[pardelʲ]
lavar (vt)	pesema	[pesema]
lavar-se (vr)	ennast pesema	[ennasʲt pesema]
duche (m)	dušš	[duʃʃ]
tomar um duche	duši all käima	[duʃi alʲ kæjma]
banheira (f)	vann	[vann]
sanita (f)	WC-pott	[vetse pott]
lavatório (m)	kraanikauss	[kra:nikauss]
sabonete (m)	seep	[se:p]
saboneteira (f)	seebikarp	[se:bikarp]
esponja (f)	nuustik	[nu:sʲtik]
champô (m)	šampoon	[ʃampo:n]
toalha (f)	käterätik	[kæteræetik]
roupão (m) de banho	hommikumantel	[hommikumantelʲ]
lavagem (f)	pesupesemine	[pesupesemine]
máquina (f) de lavar	pesumasin	[pesumasin]

| lavar a roupa | pesu pesema | [pesu pesema] |
| detergente (m) | pesupulber | [pesupulʲber] |

68. Eletrodomésticos

televisor (m)	televiisor	[teleʋiːsor]
gravador (m)	magnetofon	[magnetofon]
videogravador (m)	videomagnetofon	[ʋideomagnetofon]
rádio (m)	raadio	[raːdio]
leitor (m)	pleier	[plejer]

projetor (m)	videoprojektor	[ʋideoprojektor]
cinema (m) em casa	kodukino	[kodukino]
leitor (m) de DVD	DVD-mängija	[dʋd-mængija]
amplificador (m)	võimendi	[uʒimendi]
console (f) de jogos	mängukonsool	[mængukonsoːlʲ]

câmara (f) de vídeo	videokaamera	[ʋideokaːmera]
máquina (f) fotográfica	fotoaparaat	[fotoaparaːt]
câmara (f) digital	fotokaamera	[fotokaːmera]

aspirador (m)	tolmuimeja	[tolʲmuimeja]
ferro (m) de engomar	triikraud	[triːkraut]
tábua (f) de engomar	triikimislaud	[triːkimislaut]

telefone (m)	telefon	[telefon]
telemóvel (m)	mobiiltelefon	[mobiːlʲtelefon]
máquina (f) de escrever	kirjutusmasin	[kirjutusmasin]
máquina (f) de costura	õmblusmasin	[ɜmblusmasin]

microfone (m)	mikrofon	[mikrofon]
auscultadores (m pl)	kõrvaklapid	[kɜrʋaklapit]
controlo remoto (m)	pult	[pulʲt]

CD (m)	CD-plaat	[ʦede plaːt]
cassete (f)	kassett	[kassett]
disco (m) de vinil	heliplaat	[heliplaːt]

ATIVIDADES HUMANAS

Emprego. Negócios. Parte 1

69. Escritório. O trabalho no escritório

escritório (~ de advogados)	kontor	[kontor]
escritório (do diretor, etc.)	kabinet	[kabinet]
receção (f)	vastuvõtulaud	[ʋasˈtuʋɜtulaut]
secretário (m)	sekretär	[sekretær]
diretor (m)	direktor	[direktor]
gerente (m)	juht	[juht]
contabilista (m)	raamatupidaja	[raːmatupidaja]
empregado (m)	töötaja	[tøːtaja]
mobiliário (m)	mööbel	[møːbelʲ]
mesa (f)	laud	[laut]
cadeira (f)	tugitool	[tugitoːlʲ]
bloco (m) de gavetas	kapp	[kapp]
cabide (m) de pé	nagi	[nagi]
computador (m)	arvuti	[arʋuti]
impressora (f)	printer	[printer]
fax (m)	faks	[faks]
fotocopiadora (f)	koopiamasin	[koːpiamasin]
papel (m)	paber	[paber]
artigos (m pl) de escritório	kantseleikaubad	[kantselejkaubat]
tapete (m) de rato	hiirevaip	[hiːreʋaip]
folha (f) de papel	leht	[leht]
pasta (f)	mapp	[mapp]
catálogo (m)	kataloog	[kataloːg]
diretório (f) telefónico	teatmik	[teatmik]
documentação (f)	dokumendid	[dokumendit]
brochura (f)	brošüür	[broʃuːr]
flyer (m)	lendleht	[lentleht]
amostra (f)	näidis	[næjdis]
formação (f)	treening	[treːning]
reunião (f)	nõupidamine	[nɜupidamine]
hora (f) de almoço	lõunavaheaeg	[lɜunaʋaheaeg]
fazer uma cópia	koopiat tegema	[koːpiat tegema]
tirar cópias	paljundama	[paljundama]
receber um fax	faksi saama	[faksi saːma]
enviar um fax	faksi saatma	[faksi saːtma]
fazer uma chamada	helistama	[helisˈtama]

| responder (vt) | vastama | [ʋasˈtama] |
| passar (vt) | ühendama | [ʉhendama] |

marcar (vt)	määrama	[mæːrama]
demonstrar (vt)	demonstreerima	[demonsˈtreːrima]
estar ausente	puuduma	[puːduma]
ausência (f)	vahelejätmine	[ʋahelejætmine]

70. Processos negociais. Parte 1

negócio (m)	äri	[æri]
ocupação (f)	asi	[asi]
firma, empresa (f)	firma	[firma]
companhia (f)	kompanii	[kompaniː]
corporação (f)	korporatsioon	[korporatsioːn]
empresa (f)	ettevõte	[etteʋɜte]
agência (f)	agentuur	[agentuːr]

acordo (documento)	leping	[leping]
contrato (m)	kontraht	[kontraht]
acordo (transação)	tehing	[tehing]
encomenda (f)	tellimus	[telˈimus]
cláusulas (f pl), termos (m pl)	tingimus	[tingimus]

por grosso (adv)	hulgi	[hulˈgi]
por grosso (adj)	hulgi-	[hulˈgi-]
venda (f) por grosso	hulgimüük	[hulˈgimʉːk]
a retalho	jae	[jae]
venda (f) a retalho	jaemüük	[jaemʉːk]

concorrente (m)	konkurent	[konkurent]
concorrência (f)	konkurents	[konkurents]
competir (vi)	konkureerima	[konkureːrima]

| sócio (m) | partner | [partner] |
| parceria (f) | partnerlus | [partnerlus] |

crise (f)	kriis	[kriːs]
bancarrota (f)	pankrot	[pankrot]
entrar em falência	pankrotistuma	[pankrotisˈtuma]
dificuldade (f)	raskus	[raskus]
problema (m)	probleem	[probleːm]
catástrofe (f)	katastroof	[katasˈtroːf]

economia (f)	majandus	[majandus]
económico	majanduslik	[majanduslik]
recessão (f) económica	majanduslangus	[majanduslangus]

| objetivo (m) | eesmärk | [eːsmærk] |
| tarefa (f) | ülesanne | [ʉlesanne] |

comerciar (vi, vt)	kauplema	[kauplema]
rede (de distribuição)	võrk	[ʋɜrk]
estoque (m)	ladu	[ladu]

sortimento (m)	valik	[ʋalik]
líder (m)	liider	[liːder]
grande (~ empresa)	suur	[suːr]
monopólio (m)	monopol	[monopolʲ]

teoria (f)	teooria	[teoːria]
prática (f)	praktika	[praktika]
experiência (falar por ~)	kogemus	[kogemus]
tendência (f)	trend	[trent]
desenvolvimento (m)	areng	[areng]

71. Processos negociais. Parte 2

| rentabilidade (f) | kasu | [kasu] |
| rentável | kasulik | [kasulik] |

delegação (f)	delegatsioon	[delegatsioːn]
salário, ordenado (m)	töötasu	[tøːtasu]
corrigir (um erro)	parandama	[parandama]
viagem (f) de negócios	lähetus	[lʲæhetus]
comissão (f)	komisjon	[komisjon]

controlar (vt)	kontrollima	[kontrolʲima]
conferência (f)	konverents	[konʋerents]
licença (f)	litsents	[litsents]
confiável	usaldusväärne	[usalʲdusʋæːrne]

empreendimento (m)	algatus	[alʲgatus]
norma (f)	norm	[norm]
circunstância (f)	asjaolu	[asjaolu]
dever (m)	kohustus	[kohusʲtus]

empresa (f)	organisatsioon	[organisatsioːn]
organização (f)	korraldamine	[korralʲdamine]
organizado	organiseeritud	[organiseːritut]
anulação (f)	ärajätmine	[ærajætmine]
anular, cancelar (vt)	ära jätma	[æra jætma]
relatório (m)	aruanne	[aruanne]

patente (f)	patent	[patent]
patentear (vt)	patenti saama	[patenti saːma]
planear (vt)	planeerima	[planeːrima]

prémio (m)	preemia	[preːmia]
profissional	professionaalne	[professionaːlʲne]
procedimento (m)	protseduur	[protseduːr]

examinar (a questão)	läbi vaatama	[lʲæbi ʋaːtama]
cálculo (m)	arvestus	[arʋesʲtus]
reputação (f)	reputatsioon	[reputatsioːn]
risco (m)	risk	[risk]

| dirigir (~ uma empresa) | juhtima | [juhtima] |
| informação (f) | andmed | [andmet] |

| propriedade (f) | omand | [omant] |
| união (f) | liit | [li:t] |

seguro (m) de vida	elukindlustus	[elukintlusʲtus]
fazer um seguro	kindlustama	[kintlusʲtama]
seguro (m)	kindlustus	[kintlusʲtus]

leilão (m)	oksjon	[oksjon]
notificar (vt)	teavitama	[teaʋitama]
gestão (f)	juhtimine	[juhtimine]
serviço (indústria de ~s)	teenus	[te:nus]

fórum (m)	foorum	[fo:rum]
funcionar (vi)	funktsioneerima	[funktsione:rima]
estágio (m)	etapp	[etapp]
jurídico	juriidiline	[juri:diline]
jurista (m)	jurist	[jurisʲt]

72. Produção. Trabalhos

usina (f)	tehas	[tehas]
fábrica (f)	vabrik	[ʋabrik]
oficina (f)	tsehh	[tsehh]
local (m) de produção	tootmine	[to:tmine]

indústria (f)	tööstus	[tø:sʲtus]
industrial	tööstuslik	[tø:sʲtuslik]
indústria (f) pesada	rasketööstus	[rasketø:sʲtus]
indústria (f) ligeira	kergetööstus	[kergetø:sʲtus]

produção (f)	toodang	[to:dang]
produzir (vt)	tootma	[to:tma]
matérias-primas (f pl)	tooraine	[to:raine]

chefe (m) de brigada	brigadir	[brigadir]
brigada (f)	brigaad	[briga:t]
operário (m)	tööline	[tø:line]

dia (m) de trabalho	tööpäev	[tø:pæəʋ]
pausa (f)	seisak	[sejsak]
reunião (f)	koosolek	[ko:solek]
discutir (vt)	arutama	[arutama]

plano (m)	plaan	[pla:n]
cumprir o plano	plaani täitma	[pla:ni tæjtma]
taxa (f) de produção	norm	[norm]
qualidade (f)	kvaliteet	[kʋalite:t]
controlo (m)	kontroll	[kontrolʲ]
controlo (m) da qualidade	kvaliteedikontroll	[kʋalite:dikontrolʲ]

segurança (f) no trabalho	tööohutus	[tø:ohutus]
disciplina (f)	distsipliin	[disʲtsipli:n]
infração (f)	rikkumine	[rikkumine]
violar (as regras)	rikkuma	[rikkuma]

greve (f)	streik	[sʲtrejk]
grevista (m)	streikija	[sʲtrejkija]
estar em greve	streikima	[sʲtrejkima]
sindicato (m)	ametiühing	[ametiühing]

inventar (vt)	leiutama	[lejutama]
invenção (f)	leiutis	[lejutis]
pesquisa (f)	uurimine	[u:rimine]
melhorar (vt)	parendama	[parendama]
tecnologia (f)	tehnoloogia	[tehnolo:gia]
desenho (m) técnico	joonis	[jo:nis]

carga (f)	koorem	[ko:rem]
carregador (m)	laadija	[la:dija]
carregar (vt)	laadima	[la:dima]
carregamento (m)	laadimine	[la:dimine]
descarregar (vt)	maha laadima	[maha la:dima]
descarga (f)	mahalaadimine	[mahala:dimine]

transporte (m)	transport	[transport]
companhia (f) de transporte	transpordikompanii	[transpordikompani:]
transportar (vt)	transportima	[transportima]

vagão (m) de carga	vagun	[ʋagun]
cisterna (f)	tsistern	[tsisʲtern]
camião (m)	veoauto	[ʋeoauto]

| máquina-ferramenta (f) | tööpink | [tø:pink] |
| mecanismo (m) | mehhanism | [mehhanism] |

resíduos (m pl) industriais	jäätmed	[jæ:tmet]
embalagem (f)	pakkimine	[pakkimine]
embalar (vt)	pakkima	[pakkima]

73. Contrato. Acordo

contrato (m)	kontraht	[kontraht]
acordo (m)	kokkulepe	[kokkulepe]
adenda (f), anexo (m)	lisa	[lisa]

assinar o contrato	kontrahti sõlmima	[kontrahti sɜlʲmima]
assinatura (f)	allkiri	[alʲkiri]
assinar (vt)	allkirjastama	[alʲkirjasʲtama]
carimbo (m)	pitsat	[pitsat]

objeto (m) do contrato	lepingu objekt	[lepingu objekt]
cláusula (f)	punkt	[punkt]
partes (f pl)	osapooled	[osapo:let]
morada (f) jurídica	juriidiline aadress	[juri:diline a:dress]

violar o contrato	kontrahti rikkuma	[kontrahti rikkuma]
obrigação (f)	kohustus	[kohusʲtus]
responsabilidade (f)	vastutus	[ʋasʲtutus]
força (f) maior	vääramatu jõud	[ʋæ:ramatu jɜut]

| litígio (m), disputa (f) | vaidlus | [ʋaitlus] |
| multas (f pl) | karistusmeetmed | [karisˑtusmeːtmet] |

74. Importação & Exportação

importação (f)	sissevedu	[sisseʋedu]
importador (m)	sissevedaja	[sisseʋedaja]
importar (vt)	sisse vedama	[sisse ʋedama]
de importação	sissevedu	[sisseʋedu]

exportação (f)	eksport	[eksport]
exportador (m)	eksportöör	[eksportøːr]
exportar (vt)	eksportima	[eksportima]
de exportação	ekspordi-	[ekspordi-]

| mercadoria (f) | kaup | [kaup] |
| lote (de mercadorias) | partii | [partiː] |

peso (m)	kaal	[kaːlˑ]
volume (m)	maht	[maht]
metro (m) cúbico	kuupmeeter	[kuːpmeːter]

produtor (m)	tootja	[toːtja]
companhia (f) de transporte	transpordikompanii	[transpordikompaniː]
contentor (m)	konteiner	[kontejner]

fronteira (f)	riigipiir	[riːgipiːr]
alfândega (f)	toll	[tolˑ]
taxa (f) alfandegária	tollilõiv	[tolˑilɜiʋ]
funcionário (m) da alfândega	tolliametnik	[tolˑiametnik]
contrabando (atividade)	salakaubandus	[salakaubandus]
contrabando (produtos)	salakaup	[salakaup]

75. Finanças

ação (f)	aktsia	[aktsia]
obrigação (f)	obligatsioon	[obligatsioːn]
nota (f) promissória	veksel	[ʋekselˑ]

| bolsa (f) | börs | [børs] |
| cotação (m) das ações | aktsiate kurss | [aktsiate kurss] |

| tornar-se mais barato | odavnema | [odaʋnema] |
| tornar-se mais caro | kallinema | [kalˑinema] |

parte (f)	osak	[osak]
participação (f) maioritária	kontrollpakk	[kontrolˑpakk]
investimento (m)	investeeringud	[inʋesˑteːringut]
investir (vt)	investeerima	[inʋesˑteːrima]
percentagem (f)	protsent	[protsent]
juros (m pl)	protsendid	[protsendit]
lucro (m)	kasum	[kasum]

| lucrativo | kasumiga | [kasumiga] |
| imposto (m) | maks | [maks] |

divisa (f)	valuuta	[ʋaluːta]
nacional	rahvuslik	[rahʋuslik]
câmbio (m)	vahetus	[ʋahetus]

| contabilista (m) | raamatupidaja | [raːmatupidaja] |
| contabilidade (f) | raamatupidamine | [raːmatupidamine] |

bancarrota (f)	pankrot	[pankrot]
falência (f)	nurjumine	[nurjumine]
ruína (f)	laostumine	[laosʲtumine]
arruinar-se (vr)	laostuma	[laosʲtuma]
inflação (f)	inflatsioon	[inflatsioːn]
desvalorização (f)	devalvatsioon	[deʋalʲʋatsioːn]

capital (m)	kapital	[kapitalʲ]
rendimento (m)	tulu	[tulu]
volume (m) de negócios	käive	[kæjʋe]
recursos (m pl)	ressursid	[ressursit]
recursos (m pl) financeiros	rahalised vahendid	[rahaliset ʋahendit]
despesas (f pl) gerais	üldkulud	[ɥlʲdkulut]
reduzir (vt)	vähendama	[ʋæhendama]

76. Marketing

marketing (m)	turu-uurimine	[turu-uːrimine]
mercado (m)	turg	[turg]
segmento (m) do mercado	turuosa	[turuosa]
produto (m)	toode	[toːde]
mercadoria (f)	kaup	[kaup]

| marca (f) | bränd | [brænt] |
| marca (f) comercial | kaubamärk | [kaubamærk] |

| logotipo (m) | firmamärk | [firmamærk] |
| logo (m) | logotüüp | [logotɥːp] |

| demanda (f) | nõudmine | [nɜudmine] |
| oferta (f) | pakkumine | [pakkumine] |

| necessidade (f) | vajadus | [ʋajadus] |
| consumidor (m) | tarbija | [tarbija] |

| análise (f) | analüüs | [analɥːs] |
| analisar (vt) | analüüsima | [analɥːsima] |

| posicionamento (m) | positsioneerimine | [positsioneːrimine] |
| posicionar (vt) | positsioneerima | [positsioneːrima] |

preço (m)	hind	[hint]
política (f) de preços	hinnapoliitika	[hinnapoliːtika]
formação (f) de preços	hinnakujundamine	[hinnakujundamine]

77. Publicidade

publicidade (f)	reklaam	[rekla:m]
publicitar (vt)	reklaamima	[rekla:mima]
orçamento (m)	eelarve	[e:larʋe]
anúncio (m) publicitário	reklaam	[rekla:m]
publicidade (f) televisiva	telereklaam	[telerekla:m]
publicidade (f) na rádio	raadioreklaam	[ra:diorekla:m]
publicidade (f) exterior	välisreklaam	[ʋælisrekla:m]
comunicação (f) de massa	massiteabevahendid	[massiteabeʋahendit]
periódico (m)	perioodilised väljaanded	[perio:diliset ʋælja:ndet]
imagem (f)	imago	[imago]
slogan (m)	loosung	[lo:sung]
mote (m), divisa (f)	juhtlause	[juhtlause]
campanha (f)	kampaania	[kampa:nia]
companha (f) publicitária	reklaamikampaania	[rekla:mikampa:nia]
grupo (m) alvo	huvirühm	[huʋirʉhm]
cartão (m) de visita	visiitkaart	[ʋisi:tka:rt]
flyer (m)	lendleht	[lentleht]
brochura (f)	brošüür	[broʃʉ:r]
folheto (m)	buklett	[buklett]
boletim (~ informativo)	bülletään	[bʉlʲetæ:n]
letreiro (m)	silt	[silʲt]
cartaz, póster (m)	plakat	[plakat]
painel (m) publicitário	reklaamtahvel	[rekla:mtahʋelʲ]

78. Banca

banco (m)	pank	[pank]
sucursal, balcão (f)	osakond	[osakont]
consultor (m)	konsultant	[konsulʲtant]
gerente (m)	juhataja	[juhataja]
conta (f)	pangakonto	[pangakonto]
número (m) da conta	arve number	[arʋe number]
conta (f) corrente	jooksev arve	[jo:kseʋ arʋe]
conta (f) poupança	kogumisarve	[kogumisarʋe]
abrir uma conta	arvet avama	[arʋet aʋama]
fechar uma conta	arvet lõpetama	[arʋet lɜpetama]
depositar na conta	arvele panema	[arʋele panema]
levantar (vt)	arvelt võtma	[arʋelʲt ʋɜtma]
depósito (m)	hoius	[hojus]
fazer um depósito	hoiust tegema	[hojusʲt tegema]
transferência (f) bancária	ülekanne	[ʉlekanne]

transferir (vt)	üle kandma	[ule kandma]
soma (f)	summa	[summa]
Quanto?	Kui palju?	[kui palju?]

| assinatura (f) | allkiri | [alʲkiri] |
| assinar (vt) | allkirjastama | [alʲkirjasʲtama] |

cartão (m) de crédito	krediidikaart	[kredi:dika:rt]
código (m)	kood	[ko:t]
número (m) do cartão de crédito	krediidikaardi number	[kredi:dika:rdi number]
Caixa Multibanco (m)	pangaautomaat	[panga:utoma:t]

cheque (m)	tšekk	[tʃekk]
passar um cheque	tšekki välja kirjutama	[tʃekki vælja kirjutama]
livro (m) de cheques	tšekiraamat	[tʃekira:mat]

empréstimo (m)	pangalaen	[pangalaen]
pedir um empréstimo	laenu taotlema	[laenu taotlema]
obter um empréstimo	laenu võtma	[laenu vɜtma]
conceder um empréstimo	laenu andma	[laenu andma]
garantia (f)	tagatis	[tagatis]

79. Telefone. Conversação telefónica

telefone (m)	telefon	[telefon]
telemóvel (m)	mobiiltelefon	[mobi:lʲtelefon]
secretária (f) electrónica	automaatvastaja	[automa:tuasʲtaja]

| fazer uma chamada | helistama | [helisʲtama] |
| chamada (f) | telefonihelin | [telefonihelin] |

marcar um número	numbrit valima	[numbrit valima]
Alô!	hallo!	[halʲo!]
perguntar (vt)	küsima	[kusima]
responder (vt)	vastama	[vasʲtama]

ouvir (vt)	kuulma	[ku:lʲma]
bem	hästi	[hæsʲti]
mal	halvasti	[halʲvasʲti]
ruído (m)	häired	[hæjret]

auscultador (m)	telefonitoru	[telefonitoru]
pegar o telefone	toru hargilt võtma	[toru hargilʲt vɜtma]
desligar (vi)	toru hargile panema	[toru hargile panema]

ocupado	liin on kinni	[li:n on kinni]
tocar (vi)	telefon heliseb	[telefon heliseb]
lista (f) telefónica	telefoniraamat	[telefonira:mat]
local	kohalik	[kohalik]
chamada (f) local		
de longa distância	kohalik kõne	[kohalik kɜne]
	kauge-	[kauge-]
chamada (f) de longa distância	kaugekõne	[kaugekɜne]

| internacional | rahvusvaheline | [rahuusuaheline] |
| chamada (f) internacional | rahvusvaheline kõne | [rahuusuaheline kɜne] |

80. Telefone móvel

telemóvel (m)	mobiiltelefon	[mobi:lʲtelefon]
ecrã (m)	kuvar	[kuuar]
botão (m)	nupp	[nupp]
cartão SIM (m)	SIM-kaart	[sim-ka:rt]

bateria (f)	patarei	[patarej]
descarregar-se	tühjaks minema	[tɦhjaks minema]
carregador (m)	laadimisseade	[la:dimisseade]

| menu (m) | menüü | [menɦ:] |
| definições (f pl) | häälestused | [hæ:lesʲtuset] |

| melodia (f) | viis | [ui:s] |
| escolher (vt) | valima | [ualima] |

calculadora (f)	kalkulaator	[kalʲkula:tor]
correio (m) de voz	automaatvastaja	[automa:tuasʲtaja]
despertador (m)	äratuskell	[æratuskelʲ]
contatos (m pl)	telefoniraamat	[telefonira:mat]

| mensagem (f) de texto | SMS-sõnum | [sms-sɜnum] |
| assinante (m) | abonent | [abonent] |

81. Estacionário

| caneta (f) | pastakas | [pasʲtakas] |
| caneta (f) tinteiro | sulepea | [sulepea] |

lápis (m)	pliiats	[pli:ats]
marcador (m)	marker	[marker]
caneta (f) de feltro	viltpliiats	[uilʲtpli:ats]

| bloco (m) de notas | klade | [klade] |
| agenda (f) | päevik | [pææuik] |

régua (f)	joonlaud	[jo:nlaut]
calculadora (f)	kalkulaator	[kalʲkula:tor]
borracha (f)	kustutuskumm	[kusʲtutuskumm]

| pionés (m) | rõhknael | [rɜhknaelʲ] |
| clipe (m) | kirjaklamber | [kirjaklamber] |

| cola (f) | liim | [li:m] |
| agrafador (m) | stepler | [sʲtepler] |

| furador (m) | auguraud | [auguraut] |
| afia-lápis (m) | pliiatsiteritaja | [pli:atsiteritaja] |

82. Tipos de negócios

serviços (m pl) de contabilidade	raamatupidamisteenused	[ra:matupidamiste:nuset]
publicidade (f)	reklaam	[reklɑ:m]
agência (f) de publicidade	reklaamiagentuur	[rekla:miagentu:r]
ar (m) condicionado	konditsioneerid	[konditsione:rit]
companhia (f) aérea	lennukompanii	[lennukompani:]
bebidas (f pl) alcoólicas	alkohoolsed joogid	[alʲkoho:lʲset jo:git]
comércio (m) de antiguidades	antikvariaat	[antikʋaria:t]
galeria (f) de arte	galerii	[galeri:]
serviços (m pl) de auditoria	audititeenused	[auditite:nuset]
negócios (m pl) bancários	pangandus	[pangandus]
bar (m)	baar	[ba:r]
salão (m) de beleza	ilusalong	[ilusalong]
livraria (f)	raamatukauplus	[ra:matukauplus]
cervejaria (f)	õlletehas	[ɜlʲetehas]
centro (m) de escritórios	ärikeskus	[ærikeskus]
escola (f) de negócios	majanduskool	[majandusko:lʲ]
casino (m)	kasiino	[kasi:no]
construção (f)	ehitus	[ehitus]
serviços (m pl) de consultoria	konsulteerimine	[konsulʲte:rimine]
estomatologia (f)	stomatoloogia	[sʲtomatolo:gia]
design (m)	disain	[disain]
farmácia (f)	apteek	[apte:k]
lavandaria (f)	keemiline puhastus	[ke:miline puhasʲtus]
agência (f) de emprego	kaadriagentuur	[ka:driagentu:r]
serviços (m pl) financeiros	finantsteenused	[finantsʲte:nuset]
alimentos (m pl)	toiduained	[tojduainet]
agência (f) funerária	matusebüroo	[matusebʉro:]
mobiliário (m)	mööbel	[mø:belʲ]
roupa (f)	riided	[ri:det]
hotel (m)	hotell	[hotelʲ]
gelado (m)	jäätis	[jæ:tis]
indústria (f)	tööstus	[tø:sʲtus]
seguro (m)	kindlustus	[kintlusʲtus]
internet (f)	internet	[internet]
investimento (m)	investeeringud	[inʋesʲte:ringut]
joalheiro (m)	juveliir	[juʋeli:r]
joias (f pl)	juveelikaubad	[juʋe:likaubat]
lavandaria (f)	pesumaja	[pesumaja]
serviços (m pl) jurídicos	õigusabi	[ɜigusabi]
indústria (f) ligeira	kergetööstus	[kergetø:sʲtus]
revista (f)	ajakiri	[ajakiri]
vendas (f pl) por catálogo	kataloogikaubandus	[katalo:gikaubandus]
medicina (f)	meditsiin	[meditsi:n]
cinema (m)	kino	[kino]

museu (m)	muuseum	[mu:seum]
agência (f) de notícias	teadete agentuur	[teadete agentu:r]
jornal (m)	ajaleht	[ajaleht]
clube (m) noturno	ööklubi	[ø:klubi]
petróleo (m)	nafta	[nafta]
serviço (m) de encomendas	kulleriteenistus	[kulʲerite:nisʲtus]
indústria (f) farmacêutica	farmaatsia	[farma:tsia]
poligrafia (f)	polügraafia	[polʉgra:fia]
editora (f)	kirjastus	[kirjasʲtus]
rádio (m)	raadio	[ra:dio]
imobiliário (m)	kinnisvara	[kinnisʋara]
restaurante (m)	restoran	[resʲtoran]
empresa (f) de segurança	turvafirma	[turʋafirma]
desporto (m)	sport	[sport]
bolsa (f)	börs	[børs]
loja (f)	kauplus	[kauplus]
supermercado (m)	supermarket	[supermarket]
piscina (f)	bassein	[bassejn]
alfaiataria (f)	ateljee	[atelje:]
televisão (f)	televisioon	[teleʋisio:n]
teatro (m)	teater	[teater]
comércio (atividade)	kaubandus	[kaubandus]
serviços (m pl) de transporte	kaubavedu	[kaubaʋedu]
viagens (f pl)	turism	[turism]
veterinário (m)	loomaarst	[lo:ma:rsʲt]
armazém (m)	ladu	[ladu]
recolha (f) do lixo	prügivedu	[prʉgiʋedu]

Emprego. Negócios. Parte 2

83. Espetáculo. Feira

feira (f)	näitus	[næjtus]
feira (f) comercial	kaubandusnäitus	[kaubandusnæjtus]
participação (f)	osavõtt	[osaʋɜtt]
participar (vi)	osa võtma	[osa ʋɜtma]
participante (m)	osavõtja	[osaʋɜtja]
diretor (m)	direktor	[direktor]
direção (f)	korraldajate kontor	[korralʲdajate kontor]
organizador (m)	korraldaja	[korralʲdaja]
organizar (vt)	korraldama	[korralʲdama]
ficha (f) de inscrição	osavõtuavaldus	[osaʋɜtuaʋalʲdus]
preencher (vt)	täitma	[tæjtma]
detalhes (m pl)	üksikasjad	[ʉksikasjat]
informação (f)	teave	[teaʋe]
preço (m)	hind	[hint]
incluindo	kaasa arvatud	[ka:sa arʋatut]
incluir (vt)	sisaldama	[sisalʲdama]
pagar (vt)	maksma	[maksma]
taxa (f) de inscrição	registreerimistasu	[regisʲtre:rimisʲtasu]
entrada (f)	sissepääs	[sissepæ:s]
pavilhão (m)	paviljon	[paʋiljon]
inscrever (vt)	registreerima	[regisʲtre:rima]
crachá (m)	nimesilt	[nimesilʲt]
stand (m)	stend	[sʲtent]
reservar (vt)	reserveerima	[reserʋe:rima]
vitrina (f)	vitriin	[ʋitri:n]
foco, spot (m)	lamp	[lamp]
design (m)	disain	[disain]
pôr, colocar (vt)	paigutama	[paigutama]
ser colocado, -a	paigaldama	[paigalʲdama]
distribuidor (m)	maaletooja	[ma:leto:ja]
fornecedor (m)	tarnija	[tarnija]
fornecer (vt)	tarnima	[tarnima]
país (m)	riik	[ri:k]
estrangeiro	välismaine	[ʋælismaine]
produto (m)	toode	[to:de]
associação (f)	assotsiatsioon	[assotsiatsio:n]
sala (f) de conferências	konverentsisaal	[konʋerentsisa:lʲ]

| congresso (m) | kongress | [kongress] |
| concurso (m) | konkurss | [konkurss] |

visitante (m)	külastaja	[kʉlasʲtaja]
visitar (vt)	külastama	[kʉlasʲtama]
cliente (m)	tellija	[telʲija]

84. Ciência. Investigação. Cientistas

ciência (f)	teadus	[teadus]
científico	teaduslik	[teaduslik]
cientista (m)	teadlane	[teatlane]
teoria (f)	teooria	[teo:ria]

axioma (m)	aksioom	[aksio:m]
análise (f)	analüüs	[analʉ:s]
analisar (vt)	analüüsima	[analʉ:sima]
argumento (m)	argument	[argument]
substância (f)	aine	[aine]

hipótese (f)	hüpotees	[hʉpote:s]
dilema (m)	dilemma	[dilemma]
tese (f)	väitekiri	[ʋæjtekiri]
dogma (m)	dogma	[dogma]

doutrina (f)	doktriin	[doktri:n]
pesquisa (f)	uurimine	[u:rimine]
pesquisar (vt)	uurima	[u:rima]
teste (m)	katse	[katse]
laboratório (m)	labor	[labor]

método (m)	meetod	[me:tot]
molécula (f)	molekul	[molekulʲ]
monitoramento (m)	seire	[sejre]
descoberta (f)	avastus	[aʋasʲtus]

postulado (m)	postulaat	[posʲtula:t]
princípio (m)	põhimõte	[pɜhimɜte]
prognóstico (previsão)	prognoos	[progno:s]
prognosticar (vt)	prognoosima	[progno:sima]

síntese (f)	süntees	[sʉnte:s]
tendência (f)	trend	[trent]
teorema (m)	teoreem	[teore:m]

ensinamentos (m pl)	õpetus	[ɜpetus]
facto (m)	tõsiasi	[tɜsiasi]
expedição (f)	ekspeditsioon	[ekspeditsio:n]
experiência (f)	eksperiment	[eksperiment]

académico (m)	akadeemik	[akade:mik]
bacharel (m)	bakalaureus	[bakalaureus]
doutor (m)	doktor	[doktor]
docente (m)	dotsent	[dotsent]

mestre (m) **magister** [magisˈter]
professor (m) catedrático **professor** [professor]

Profissões e ocupações

85. Procura de emprego. Demissão

trabalho (m)	töö	[tø:]
equipa (f)	koosseis	[ko:ssejs]
pessoal (m)	personal	[personalʲ]
carreira (f)	karjäär	[karjæ:r]
perspetivas (f pl)	perspektiiv	[perspekti:ʊ]
mestria (f)	meisterlikkus	[mejsʲterlikkus]
seleção (f)	valik	[ʊalik]
agência (f) de emprego	kaadriagentuur	[ka:driagentu:r]
CV, currículo (m)	elulookirjeldus	[elulo:kirjelʲdus]
entrevista (f) de emprego	tööintervjuu	[tø:interʊju:]
vaga (f)	vakants	[ʊakants]
salário (m)	töötasu	[tø:tasu]
salário (m) fixo	palk	[palʲk]
pagamento (m)	maksmine	[maksmine]
posto (m)	töökoht	[tø:koht]
dever (do empregado)	kohustus	[kohusʲtus]
gama (f) de deveres	kohustuste ring	[kohusʲtusʲte ring]
ocupado	hõivatud	[hɜiʊatut]
despedir, demitir (vt)	vallandama	[ʊalʲændama]
demissão (f)	vallandamine	[ʊalʲændamine]
desemprego (m)	tööpuudus	[tø:pu:dus]
desempregado (m)	töötu	[tø:tu]
reforma (f)	pension	[pension]
reformar-se	pensionile minema	[pensionile minema]

86. Gente de negócios

diretor (m)	direktor	[direktor]
gerente (m)	juhataja	[juhataja]
patrão, chefe (m)	juhataja	[juhataja]
superior (m)	ülemus	[ʉlemus]
superiores (m pl)	juhtkond	[juhtkont]
presidente (m)	president	[president]
presidente (m) de direção	esimees	[esime:s]
substituto (m)	asetäitja	[asetæjtja]
assistente (m)	abi	[abi]

secretário (m)	sekretär	[sekretær]
secretário (m) pessoal	isiklik sekretär	[isiklik sekretær]
homem (m) de negócios	ärimees	[ærime:s]
empresário (m)	ettevõtja	[etteʋɜtja]
fundador (m)	rajaja	[rajaja]
fundar (vt)	rajama	[rajama]
fundador, sócio (m)	asutaja	[asutaja]
parceiro, sócio (m)	partner	[partner]
acionista (m)	aktsionär	[aktsionær]
milionário (m)	miljonär	[miljonær]
bilionário (m)	miljardär	[miljardær]
proprietário (m)	omanik	[omanik]
proprietário (m) de terras	maavaldaja	[ma:ʋalʲdaja]
cliente (m)	klient	[klient]
cliente (m) habitual	püsiklient	[pʉsiklient]
comprador (m)	ostja	[osʲtja]
visitante (m)	külastaja	[kʉlasʲtaja]
profissional (m)	professionaal	[professiona:lʲ]
perito (m)	ekspert	[ekspert]
especialista (m)	spetsialist	[spetsialisʲt]
banqueiro (m)	pankur	[pankur]
corretor (m)	vahendaja	[ʋahendaja]
caixa (m, f)	kassiir	[kassi:r]
contabilista (m)	raamatupidaja	[ra:matupidaja]
guarda (m)	turvamees	[turʋame:s]
investidor (m)	investeerija	[inʋesʲte:rija]
devedor (m)	võlgnik	[ʋɜlʲgnik]
credor (m)	võlausaldaja	[ʋɜlausalʲdaja]
mutuário (m)	laenaja	[laenaja]
importador (m)	sissevedaja	[sisseʋedaja]
exportador (m)	eksportöör	[eksportø:r]
produtor (m)	tootja	[to:tja]
distribuidor (m)	maaletooja	[ma:leto:ja]
intermediário (m)	vahendaja	[ʋahendaja]
consultor (m)	konsultant	[konsulʲtant]
representante (m)	esindaja	[esindaja]
agente (m)	agent	[agent]
agente (m) de seguros	kindlustusagent	[kintlusʲtusagent]

87. Profissões de serviços

cozinheiro (m)	kokk	[kokk]
cozinheiro chefe (m)	peakokk	[peakokk]

padeiro (m)	pagar	[pagar]
barman (m)	baarimees	[ba:rime:s]
empregado (m) de mesa	kelner	[kelʲner]
empregada (f) de mesa	ettekandja	[ettekandja]

advogado (m)	advokaat	[aduoka:t]
jurista (m)	jurist	[jurisʲt]
notário (m)	notar	[notar]

eletricista (m)	elektrik	[elektrik]
canalizador (m)	torulukksepp	[torulukksepp]
carpinteiro (m)	puussepp	[pu:ssepp]

massagista (m)	massöör	[massø:r]
massagista (f)	massöör	[massø:r]
médico (m)	arst	[arsʲt]

taxista (m)	taksojuht	[taksojuht]
condutor (automobilista)	autojuht	[autojuht]
entregador (m)	käskjalg	[kæskjalʲg]

camareira (f)	toatüdruk	[toatʉdruk]
guarda (m)	turvamees	[turʋame:s]
hospedeira (f) de bordo	stjuardess	[sʲtjuardess]

professor (m)	õpetaja	[ɜpetaja]
bibliotecário (m)	raamatukoguhoidja	[ra:matukoguhojdja]
tradutor (m)	tõlk	[tɜlʲk]
intérprete (m)	tõlk	[tɜlʲk]
guia (pessoa)	giid	[gi:t]

cabeleireiro (m)	juuksur	[ju:ksur]
carteiro (m)	postiljon	[posʲtiljon]
vendedor (m)	müüja	[mʉ:ja]

jardineiro (m)	aednik	[aednik]
criado (m)	teener	[te:ner]
criada (f)	teenija	[te:nija]
empregada (f) de limpeza	koristaja	[korisʲtaja]

88. Profissões militares e postos

soldado (m) raso	reamees	[reame:s]
sargento (m)	seersant	[se:rsant]
tenente (m)	leitnant	[lejtnant]
capitão (m)	kapten	[kapten]

major (m)	major	[major]
coronel (m)	kolonel	[kolonelʲ]
general (m)	kindral	[kindralʲ]
marechal (m)	marssal	[marssalʲ]
almirante (m)	admiral	[admiralʲ]
militar (m)	sõjaväelane	[sɜjaʋææəlane]
soldado (m)	sõdur	[sɜdur]

oficial (m)	ohvitser	[ohʋitser]
comandante (m)	komandör	[komandør]
guarda (m) fronteiriço	piirivalvur	[piːriʋalʲʋur]
operador (m) de rádio	radist	[radisʲt]
explorador (m)	luuraja	[luːraja]
sapador (m)	sapöör	[sapøːr]
atirador (m)	laskur	[laskur]
navegador (m)	tüürimees	[tʉːrimeːs]

89. Oficiais. Padres

rei (m)	kuningas	[kuningas]
rainha (f)	kuninganna	[kuninganna]
príncipe (m)	prints	[prints]
princesa (f)	printsess	[printsess]
czar (m)	tsaar	[tsaːr]
czarina (f)	tsaarinna	[tsaːrinna]
presidente (m)	president	[president]
ministro (m)	minister	[minisʲter]
primeiro-ministro (m)	peaminister	[peaminisʲter]
senador (m)	senaator	[senaːtor]
diplomata (m)	diplomaat	[diplomaːt]
cônsul (m)	konsul	[konsulʲ]
embaixador (m)	suursaadik	[suːrsaːdik]
conselheiro (m)	nõunik	[nɜunik]
funcionário (m)	ametnik	[ametnik]
prefeito (m)	prefekt	[prefekt]
Presidente (m) da Câmara	linnapea	[linnapea]
juiz (m)	kohtunik	[kohtunik]
procurador (m)	prokurör	[prokurør]
missionário (m)	misjonär	[misjonær]
monge (m)	munk	[munk]
abade (m)	abee	[abeː]
rabino (m)	rabi	[rabi]
vizir (m)	vesiir	[ʋesiːr]
xá (m)	šahh	[ʃahh]
xeque (m)	šeih	[ʃejh]

90. Profissões agrícolas

apicultor (m)	mesinik	[mesinik]
pastor (m)	karjus	[karjus]
agrónomo (m)	agronoom	[agronoːm]

criador (m) de gado	loomakasvataja	[loːmakasʋataja]
veterinário (m)	loomaarst	[loːmaːrsʲt]
agricultor (m)	talunik	[talunik]
vinicultor (m)	veinimeister	[ʋejnimejsʲter]
zoólogo (m)	zooloog	[zoːloːg]
cowboy (m)	kauboi	[kauboj]

91. Profissões artísticas

ator (m)	näitleja	[næjtleja]
atriz (f)	näitlejanna	[nnaitlejanna]
cantor (m)	laulja	[laulja]
cantora (f)	lauljanna	[lauljanna]
bailarino (m)	tantsija	[tantsija]
bailarina (f)	tantsijanna	[tantsijanna]
artista (m)	näitleja	[næjtleja]
artista (f)	näitlejanna	[nnaitlejanna]
músico (m)	muusik	[muːsik]
pianista (m)	pianist	[pianisʲt]
guitarrista (m)	kitarrist	[kitarrisʲt]
maestro (m)	dirigent	[dirigent]
compositor (m)	helilooja	[heliloːja]
empresário (m)	impressaario	[impressaːrio]
realizador (m)	lavastaja	[laʋasʲtaja]
produtor (m)	produtsent	[produtsent]
argumentista (m)	stsenarist	[sʲtsenarisʲt]
crítico (m)	kriitik	[kriːtik]
escritor (m)	kirjanik	[kirjanik]
poeta (m)	luuletaja	[luːletaja]
escultor (m)	skulptor	[skulʲptor]
pintor (m)	kunstnik	[kunsʲtnik]
malabarista (m)	žonglöör	[ʒɤnglø:r]
palhaço (m)	kloun	[kloun]
acrobata (m)	akrobaat	[akrobaːt]
mágico (m)	mustkunstnik	[musʲtkunsʲtnik]

92. Várias profissões

médico (m)	arst	[arsʲt]
enfermeira (f)	medõde	[medɜde]
psiquiatra (m)	psühhiaater	[psɯhhiaːter]
estomatologista (m)	stomatoloog	[sʲtomatoloːg]
cirurgião (m)	kirurg	[kirurg]

astronauta (m)	astronaut	[asʲtronaut]
astrónomo (m)	astronoom	[asʲtronoːm]
piloto (m)	lendur, piloot	[lendur], [piloːt]
motorista (m)	autojuht	[autojuht]
maquinista (m)	vedurijuht	[ʋedurijuht]
mecânico (m)	mehaanik	[mehaːnik]
mineiro (m)	kaevur	[kaeʋur]
operário (m)	tööline	[tøːline]
serralheiro (m)	lukksepp	[lukksepp]
marceneiro (m)	tisler	[tisler]
torneiro (m)	treial	[trejalʲ]
construtor (m)	ehitaja	[ehitaja]
soldador (m)	keevitaja	[keːʋitaja]
professor (m) catedrático	professor	[professor]
arquiteto (m)	arhitekt	[arhitekt]
historiador (m)	ajaloolane	[ajaloːlane]
cientista (m)	teadlane	[teatlane]
físico (m)	füüsik	[fʉːsik]
químico (m)	keemik	[keːmik]
arqueólogo (m)	arheoloog	[arheoloːg]
geólogo (m)	geoloog	[geoloːg]
pesquisador (cientista)	uurija	[uːrija]
babysitter (f)	lapsehoidja	[lapsehojdja]
professor (m)	pedagoog	[pedagoːg]
redator (m)	toimetaja	[tojmetaja]
redator-chefe (m)	peatoimetaja	[peatojmetaja]
correspondente (m)	korrespondent	[korrespondent]
datilógrafa (f)	masinakirjutaja	[masinakirjutaja]
designer (m)	disainer	[disainer]
especialista (m) em informática	arvutispetsialist	[arʋutispetsialisʲt]
programador (m)	programmeerija	[programmeːrija]
engenheiro (m)	insener	[insener]
marujo (m)	meremees	[meremeːs]
marinheiro (m)	madrus	[madrus]
salvador (m)	päästja	[pæːsʲtja]
bombeiro (m)	tuletõrjuja	[tuletɜrjuja]
polícia (m)	politseinik	[politsejnik]
guarda-noturno (m)	valvur	[ʋalʲʋur]
detetive (m)	detektiiv	[detektiːʋ]
funcionário (m) da alfândega	tolliametnik	[tolʲiametnik]
guarda-costas (m)	ihukaitsja	[ihukaitsja]
guarda (m) prisional	järelvaataja	[jærelʲʋaːtaja]
inspetor (m)	inspektor	[inspektor]
desportista (m)	sportlane	[sportlane]
treinador (m)	treener	[treːner]

talhante (m)	lihunik	[lihunik]
sapateiro (m)	kingsepp	[kingsepp]
comerciante (m)	kaubareisija	[kaubarejsija]
carregador (m)	laadija	[laːdija]
estilista (m)	moekunstnik	[moekunsʲtnik]
modelo (f)	modell	[modelʲ]

93. Ocupações. Estatuto social

aluno, escolar (m)	kooliõpilane	[koːliɜpilane]
estudante (~ universitária)	üliõpilane	[ʉliɜpilane]
filósofo (m)	filosoof	[filosoːf]
economista (m)	majandusteadlane	[majandusʲteatlane]
inventor (m)	leiutaja	[lejutaja]
desempregado (m)	töötu	[tøːtu]
reformado (m)	pensionär	[pensionær]
espião (m)	spioon	[spioːn]
preso (m)	vang	[ʊang]
grevista (m)	streikija	[sʲtrejkija]
burocrata (m)	bürokraat	[bʉrokraːt]
viajante (m)	rändur	[rændur]
homossexual (m)	homoseksualist	[homoseksualisʲt]
hacker (m)	häkker	[hækker]
bandido (m)	bandiit	[bandiːt]
assassino (m) a soldo	palgamõrvar	[palʲgamɜrʊar]
toxicodependente (m)	narkomaan	[narkomaːn]
traficante (m)	narkokaupmees	[narkokaupmeːs]
prostituta (f)	prostituut	[prosʲtituːt]
chulo (m)	sutenöör	[sutenøːr]
bruxo (m)	nõid	[nɜit]
bruxa (f)	nõiamoor	[nɜiamoːr]
pirata (m)	piraat	[piraːt]
escravo (m)	ori	[ori]
samurai (m)	samurai	[samurai]
selvagem (m)	metslane	[metslane]

Educação

94. Escola

escola (f)	kool	[ko:lʲ]
diretor (m) de escola	koolidirektor	[ko:lidirektor]
aluno (m)	õpilane	[ɜpilane]
aluna (f)	õpilane	[ɜpilane]
escolar (m)	kooliõpilane	[ko:liɜpilane]
escolar (f)	koolitüdruk	[ko:litʉdruk]
ensinar (vt)	õpetama	[ɜpetama]
aprender (vt)	õppima	[ɜppima]
aprender de cor	pähe õppima	[pæhe ɜppima]
estudar (vi)	õppima	[ɜppima]
andar na escola	koolis käima	[ko:lis kæjma]
ir à escola	kooli minema	[ko:li minema]
alfabeto (m)	tähestik	[tæhesʲtik]
disciplina (f)	õppeaine	[ɜppeaine]
sala (f) de aula	klass	[klass]
lição (f)	tund	[tunt]
recreio (m)	vahetund	[ʊahetunt]
toque (m)	kell	[kelʲ]
carteira (f)	koolipink	[ko:lipink]
quadro (m) negro	tahvel	[tahʊelʲ]
nota (f)	hinne	[hinne]
boa nota (f)	hea hinne	[hea hinne]
nota (f) baixa	halb hinne	[halʲb hinne]
dar uma nota	hinnet panema	[hinnet panema]
erro (m)	viga	[ʊiga]
fazer erros	vigu tegema	[ʊigu tegema]
corrigir (vt)	parandama	[parandama]
cábula (f)	spikker	[spikker]
dever (m) de casa	kodune ülesanne	[kodune ʉlesanne]
exercício (m)	harjutus	[harjutus]
estar presente	kohal olema	[kohalʲ olema]
estar ausente	puuduma	[pu:duma]
faltar às aulas	puuduma koolist	[pu:duma ko:lisʲt]
punir (vt)	karistama	[karisʲtama]
punição (f)	karistus	[karisʲtus]
comportamento (m)	käitumine	[kæjtumine]

boletim (m) escolar	päevik	[pæeʋik]
lápis (m)	pliiats	[pli:ats]
borracha (f)	kustutuskumm	[kusʲtutuskumm]
giz (m)	kriit	[kri:t]
estojo (m)	pinal	[pinalʲ]

pasta (f) escolar	portfell	[portfelʲ]
caneta (f)	sulepea	[sulepea]
caderno (m)	vihik	[ʋihik]
manual (m) escolar	õpik	[ɜpik]
compasso (m)	sirkel	[sirkelʲ]

| traçar (vt) | joonestama | [jo:nesʲtama] |
| desenho (m) técnico | joonis | [jo:nis] |

poesia (f)	luuletus	[lu:letus]
de cor	peas olema	[peas olema]
aprender de cor	pähe õppima	[pæhe ɜppima]

férias (f pl)	koolivaheaeg	[ko:liʋaheaeg]
estar de férias	koolivaheajal olema	[ko:liʋaheajalʲ olema]
passar as férias	puhkust veetma	[puhkusʲt ʋe:tma]

teste (m)	kontrolltöö	[kontrolʲtø:]
composição, redação (f)	kirjand	[kirjant]
ditado (m)	etteütlus	[etteʉtlus]
exame (m)	eksam	[eksam]
fazer exame	eksamit sooritama	[eksamit so:ritama]
experiência (~ química)	katse	[katse]

95. Colégio. Universidade

academia (f)	akadeemia	[akade:mia]
universidade (f)	ülikool	[ʉliko:lʲ]
faculdade (f)	teaduskond	[teaduskont]

estudante (m)	üliõpilane	[ʉliɜpilane]
estudante (f)	üliõpilane	[ʉliɜpilane]
professor (m)	õppejõud	[ɜppejɜut]

| sala (f) de palestras | auditoorium | [audito:rium] |
| graduado (m) | ülikoolilõpetaja | [ʉliko:lilɜpetaja] |

| diploma (m) | diplom | [diplom] |
| tese (f) | väitekiri | [ʋæjtekiri] |

| estudo (obra) | teaduslik töö | [teaduslik tø:] |
| laboratório (m) | labor | [labor] |

| palestra (f) | loeng | [loeng] |
| colega (m) de curso | kursusekaaslane | [kursuseka:slane] |

| bolsa (f) de estudos | stipendium | [sʲtipendium] |
| grau (m) académico | teaduslik kraad | [teaduslik kra:t] |

96. Ciências. Disciplinas

matemática (f)	matemaatika	[matema:tika]
álgebra (f)	algebra	[alʲgebra]
geometria (f)	geomeetria	[geome:tria]
astronomia (f)	astronoomia	[asʲtrono:mia]
biologia (f)	bioloogia	[biolo:gia]
geografia (f)	geograafia	[geogra:fia]
geologia (f)	geoloogia	[geolo:gia]
história (f)	ajalugu	[ajalugu]
medicina (f)	meditsiin	[meditsi:n]
pedagogia (f)	pedagoogika	[pedago:gika]
direito (m)	õigus	[ɜigus]
física (f)	füüsika	[fʉ:sika]
química (f)	keemia	[ke:mia]
filosofia (f)	filosoofia	[filoso:fia]
psicologia (f)	psühholoogia	[psʉhholo:gia]

97. Sistema de escrita. Ortografia

gramática (f)	grammatika	[grammatika]
vocabulário (m)	sõnavara	[sɜnaʊara]
fonética (f)	foneetika	[fone:tika]
substantivo (m)	nimisõnad	[nimisɜnat]
adjetivo (m)	omadussõnad	[omadussɜnat]
verbo (m)	tegusõna	[tegusɜna]
advérbio (m)	määrsõna	[mæ:rsɜna]
pronome (m)	asesõna	[asesɜna]
interjeição (f)	hüüdsõna	[hʉ:dsɜna]
preposição (f)	eessõna	[e:ssɜna]
raiz (f) da palavra	sõna tüvi	[sɜna tʉʊi]
terminação (f)	lõpp	[lɜpp]
prefixo (m)	eesliide	[e:sli:de]
sílaba (f)	silp	[silʲp]
sufixo (m)	järelliide	[jærelʲi:de]
acento (m)	rõhk	[rɜhk]
apóstrofo (m)	apostroof	[aposʲtro:f]
ponto (m)	punkt	[punkt]
vírgula (f)	koma	[koma]
ponto e vírgula (m)	semikoolon	[semiko:lon]
dois pontos (m pl)	koolon	[ko:lon]
reticências (f pl)	kolmpunkt	[kolʲmpunkt]
ponto (m) de interrogação	küsimärk	[kʉsimærk]
ponto (m) de exclamação	hüüumärk	[hʉ:umærk]

aspas (f pl)	jutumärgid	[jutumærgit]
entre aspas	jutumärkides	[jutumærkides]
parênteses (m pl)	sulud	[sulut]
entre parênteses	sulgudes	[sulʲgudes]
hífen (m)	sidekriips	[sidekri:ps]
travessão (m)	mõttekriips	[mɜttekri:ps]
espaço (m)	sõnavahe	[sɜnaʉahe]
letra (f)	täht	[tæht]
letra (f) maiúscula	suur algustäht	[su:r alʲgusʲtæht]
vogal (f)	täishäälik	[tæjshæ:lik]
consoante (f)	kaashäälik	[ka:shæ:lik]
frase (f)	pakkumine	[pakkumine]
sujeito (m)	alus	[alus]
predicado (m)	öeldis	[øelʲdis]
linha (f)	rida	[rida]
em uma nova linha	uuelt realt	[u:elʲt realʲt]
parágrafo (m)	lõik	[lɜik]
palavra (f)	sõna	[sɜna]
grupo (m) de palavras	sõnaühend	[sɜnaʉhent]
expressão (f)	väljend	[ʉæljent]
sinónimo (m)	sünonüüm	[sʉnonʉ:m]
antónimo (m)	antonüüm	[antonʉ:m]
regra (f)	reegel	[re:gelʲ]
exceção (f)	erand	[erant]
correto	õige	[ɜige]
conjugação (f)	pööramine	[pø:ramine]
declinação (f)	käänamine	[kæ:namine]
caso (m)	kääne	[kæ:ne]
pergunta (f)	küsimus	[kʉsimus]
sublinhar (vt)	alla kriipsutama	[alʲæ kri:psutama]
linha (f) pontilhada	punktiir	[punkti:r]

98. Línguas estrangeiras

língua (f)	keel	[ke:lʲ]
estrangeiro	võõr-	[ʊɜ:r-]
língua (f) estrangeira	võõrkeel	[ʊɜ:rke:lʲ]
estudar (vt)	uurima	[u:rima]
aprender (vt)	õppima	[ɜppima]
ler (vt)	lugema	[lugema]
falar (vi)	rääkima	[ræ:kima]
compreender (vt)	aru saama	[aru sa:ma]
escrever (vt)	kirjutama	[kirjutama]
rapidamente	kiiresti	[ki:resʲti]
devagar	aeglaselt	[aeglaselʲt]

fluentemente	vabalt	[ʋabalʲt]
regras (f pl)	reeglid	[reːglit]
gramática (f)	grammatika	[grammatika]
vocabulário (m)	sõnavara	[sɜnaʋara]
fonética (f)	foneetika	[foneːtika]
manual (m) escolar	õpik	[ɜpik]
dicionário (m)	sõnaraamat	[sɜnaraːmat]
manual (m) de autoaprendizagem	õpik iseõppijaile	[ɜpik iseɜppijaile]
guia (m) de conversação	vestmik	[ʋesʲtmik]
cassete (f)	kassett	[kassett]
vídeo cassete (m)	videokassett	[ʋideokassett]
CD (m)	CD-plaat	[t͡sede plaːt]
DVD (m)	DVD	[dʋt]
alfabeto (m)	tähestik	[tæhesʲtik]
soletrar (vt)	veerima	[ʋeːrima]
pronúncia (f)	hääldamine	[hæːlʲdamine]
sotaque (m)	aktsent	[aktsent]
com sotaque	aktsendiga	[aktsendiga]
sem sotaque	ilma aktsendita	[ilʲma aktsendita]
palavra (f)	sõna	[sɜna]
sentido (m)	mõiste	[mɜisʲte]
cursos (m pl)	kursused	[kursuset]
inscrever-se (vr)	kirja panema	[kirja panema]
professor (m)	õppejõud	[ɜppejɜut]
tradução (processo)	tõlkimine	[tɜlʲkimine]
tradução (texto)	tõlge	[tɜlʲge]
tradutor (m)	tõlk	[tɜlʲk]
intérprete (m)	tõlk	[tɜlʲk]
poliglota (m)	polüglott	[polʉglott]
memória (f)	mälu	[mælu]

Descanso. Entretenimento. Viagens

99. Viagens

turismo (m)	turism	[turism]
turista (m)	turist	[turisʲt]
viagem (f)	reis	[rejs]
aventura (f)	seiklus	[sejklus]
viagem (f)	sõit	[sɜit]
férias (f pl)	puhkus	[puhkus]
estar de férias	puhkusel olema	[puhkuselʲ olema]
descanso (m)	puhkus	[puhkus]
comboio (m)	rong	[rong]
de comboio (chegar ~)	rongiga	[rongiga]
avião (m)	lennuk	[lennuk]
de avião	lennukiga	[lennukiga]
de carro	autoga	[autoga]
de navio	laevaga	[laeʋaga]
bagagem (f)	pagas	[pagas]
mala (f)	kohver	[kohʋer]
carrinho (m)	pagasikäru	[pagasikæru]
passaporte (m)	pass	[pass]
visto (m)	viisa	[ʋiːsa]
bilhete (m)	pilet	[pilet]
bilhete (m) de avião	lennukipilet	[lennukipilet]
guia (m) de viagem	teejuht	[teːjuht]
mapa (m)	kaart	[kaːrt]
local (m), area (f)	ala	[ala]
lugar, sítio (m)	koht	[koht]
exotismo (m)	eksootika	[eksoːtika]
exótico	eksootiline	[eksoːtiline]
surpreendente	üllatav	[ülʲætaʋ]
grupo (m)	grupp	[grupp]
excursão (f)	ekskursioon	[ekskursioːn]
guia (m)	ekskursioonijuht	[ekskursioːnijuht]

100. Hotel

hotel (m)	võõrastemaja	[ʋɜːrasʲtemaja]
hotel (m)	hotell	[hotelʲ]
motel (m)	motell	[motelʲ]

três estrelas	kolm tärni	[kolʲm tærni]
cinco estrelas	viis tärni	[ʋiːs tærni]
ficar (~ num hotel)	peatuma	[peatuma]
quarto (m)	number	[number]
quarto (m) individual	üheinimesetuba	[ʉhejnimesetuba]
quarto (m) duplo	kaheinimesetuba	[kahejnimesetuba]
reservar um quarto	tuba kinni panema	[tuba kinni panema]
meia pensão (f)	poolpansion	[poːlʲpansion]
pensão (f) completa	täispansion	[tæjspansion]
com banheira	vannitoaga	[ʋannitoaga]
com duche	dušiga	[duʃiga]
televisão (m) satélite	satelliittelevisioon	[satelʲiːtteleʋisioːn]
ar (m) condicionado	konditsioneer	[konditsioneːr]
toalha (f)	käterätik	[kæterætik]
chave (f)	võti	[ʋɜti]
administrador (m)	administraator	[adminisʲtraːtor]
camareira (f)	toatüdruk	[toatʉdruk]
bagageiro (m)	pakikandja	[pakikandja]
porteiro (m)	uksehoidja	[uksehojdja]
restaurante (m)	restoran	[resʲtoran]
bar (m)	baar	[baːr]
pequeno-almoço (m)	hommikusöök	[hommikusøːk]
jantar (m)	õhtusöök	[ɜhtusøːk]
buffet (m)	rootsi laud	[roːtsi laut]
hall (m) de entrada	vestibüül	[ʋesʲtibʉːlʲ]
elevador (m)	lift	[lift]
NÃO PERTURBE	MITTE SEGADA	[mitte segada]
PROIBIDO FUMAR!	MITTE SUITSETADA!	[mitte suitsetada!]

EQUIPAMENTO TÉCNICO. TRANSPORTES

Equipamento técnico. Transportes

101. Computador

computador (m)	arvuti	[arʋuti]
portátil (m)	sülearvuti	[sʉlearʊuti]
ligar (vt)	sisse lülitama	[sisse lʉlitama]
desligar (vt)	välja lülitama	[ʋælja lʉlitama]
teclado (m)	klaviatuur	[klaʋiatuːr]
tecla (f)	klahv	[klahʊ]
rato (m)	hiir	[hiːr]
tapete (m) de rato	hiirevaip	[hiːreʋaip]
botão (m)	nupp	[nupp]
cursor (m)	kursor	[kursor]
monitor (m)	kuvar	[kuʋar]
ecrã (m)	ekraan	[ekraːn]
disco (m) rígido	kõvaketas	[kɜʋaketas]
capacidade (f) do disco rígido	kõvaketta mälumaht	[kɜʋaketta mælumaht]
memória (f)	mälu	[mælu]
memória RAM (f)	operatiivmälu	[operatiːʋmælu]
ficheiro (m)	fail	[failʲ]
pasta (f)	kataloog	[kataloːg]
abrir (vt)	avama	[aʋama]
fechar (vt)	sulgema	[sulʲgema]
guardar (vt)	salvestama	[salʲʋesʲtama]
apagar, eliminar (vt)	eemaldama	[eːmalʲdama]
copiar (vt)	kopeerima	[kopeːrima]
ordenar (vt)	sorteerima	[sorteːrima]
copiar (vt)	ümber kirjutama	[ʉmber kirjutama]
programa (m)	programm	[programm]
software (m)	tarkvara	[tarkʋara]
programador (m)	programmeerija	[programmeːrija]
programar (vt)	programmeerima	[programmeːrima]
hacker (m)	häkker	[hækker]
senha (f)	parool	[paroːlʲ]
vírus (m)	viirus	[ʋiːrus]
detetar (vt)	avastama	[aʋasʲtama]
byte (m)	bait	[bait]

megabyte (m)	megabait	[megabait]
dados (m pl)	andmed	[andmet]
base (f) de dados	andmebaas	[andmeba:s]
cabo (m)	kaabel	[ka:belʲ]
desconectar (vt)	välja lülitama	[vælja lʉlitama]
conetar (vt)	ühendama	[ʉhendama]

102. Internet. E-mail

internet (f)	internet	[internet]
browser (m)	brauser	[brauser]
motor (m) de busca	otsimisressurss	[otsimisressurss]
provedor (m)	provaider	[provaider]
webmaster (m)	veebimeister	[ve:bimejsʲter]
website, sítio web (m)	veebilehekülg	[ve:bilehekʉlʲg]
página (f) web	veebilehekülg	[ve:bilehekʉlʲg]
endereço (m)	aadress	[a:dress]
livro (m) de endereços	aadressiraamat	[a:dressira:mat]
caixa (f) de correio	postkast	[posʲtkasʲt]
correio (m)	post	[posʲt]
cheia (caixa de correio)	täis	[tæjs]
mensagem (f)	teade	[teade]
mensagens (f pl) recebidas	sissetulevad sõnumid	[sissetulevat sɜnumit]
mensagens (f pl) enviadas	väljaminevad sõnumid	[væljaminevat sɜnumit]
remetente (m)	saatja	[sa:tja]
enviar (vt)	saatma	[sa:tma]
envio (m)	saatmine	[sa:tmine]
destinatário (m)	saaja	[sa:ja]
receber (vt)	kätte saama	[kætte sa:ma]
correspondência (f)	kirjavahetus	[kirjavahetus]
corresponder-se (vr)	kirjavahetuses olema	[kirjavahetuses olema]
ficheiro (m)	fail	[failʲ]
fazer download, baixar	allalaadimine	[alʲæla:dimine]
criar (vt)	tegema	[tegema]
apagar, eliminar (vt)	eemaldama	[e:malʲdama]
eliminado	eemaldatud	[e:malʲdatut]
conexão (f)	side	[side]
velocidade (f)	kiirus	[ki:rus]
modem (m)	modem	[modem]
acesso (m)	juurdepääs	[ju:rdepæ:s]
porta (f)	port	[port]
conexão (f)	lülitus	[lʉlitus]
conetar (vi)	sisse lülitama	[sisse lʉlitama]
escolher (vt)	valima	[valima]
buscar (vt)	otsima	[otsima]

103. Eletricidade

eletricidade (f)	elekter	[elekter]
elétrico	elektri-	[elektri-]
central (f) elétrica	elektrijaam	[elektrija:m]
energia (f)	energia	[energia]
energia (f) elétrica	elektrienergia	[elektrienergia]
lâmpada (f)	elektripirn	[elektripirn]
lanterna (f)	taskulamp	[taskulamp]
poste (m) de iluminação	tänavalatern	[tænaʋalatern]
luz (f)	elekter	[elekter]
ligar (vt)	sisse lülitama	[sisse lʉlitama]
desligar (vt)	välja lülitama	[ʋælja lʉlitama]
apagar a luz	tuld kustutama	[tulʲt kusʲtutama]
fundir (vi)	läbi põlema	[lʲæbi pɜlema]
curto-circuito (m)	lühiühendus	[lʉhiʉhendus]
rutura (f)	katke	[katke]
contacto (m)	kontakt	[kontakt]
interruptor (m)	lüliti	[lʉliti]
tomada (f)	pistikupesa	[pisʲtikupesa]
ficha (f)	pistik	[pisʲtik]
extensão (f)	pikendusjuhe	[pikendusjuhe]
fusível (m)	kaitse	[kaitse]
fio, cabo (m)	juhe	[juhe]
instalação (f) elétrica	juhtmed	[juhtmet]
ampere (m)	amper	[amper]
amperagem (f)	voolutugevus	[ʋo:lutugeʋus]
volt (m)	volt	[ʋolʲt]
voltagem (f)	pinge	[pinge]
aparelho (m) elétrico	elektririist	[elektriri:sʲt]
indicador (m)	indikaator	[indika:tor]
eletricista (m)	elektrik	[elektrik]
soldar (vt)	jootma	[jo:tma]
ferro (m) de soldar	jootekolb	[jo:tekolʲb]
corrente (f) elétrica	vool	[ʋo:lʲ]

104. Ferramentas

ferramenta (f)	tööriist	[tø:ri:sʲt]
ferramentas (f pl)	tööriistad	[tø:ri:sʲtat]
equipamento (m)	seadmed	[seadmet]
martelo (m)	haamer	[ha:mer]
chave (f) de fendas	kruvikeeraja	[kruʋike:raja]
machado (m)	kirves	[kirʋes]

serra (f)	saag	[sa:g]
serrar (vt)	saagima	[sa:gima]
plaina (f)	höövel	[hø:ʋelʲ]
aplainar (vt)	hööveldama	[hø:ʋelʲdama]
ferro (m) de soldar	jootekolb	[jo:tekolʲb]
soldar (vt)	jootma	[jo:tma]
lima (f)	viil	[ʋi:lʲ]
tenaz (f)	tangid	[tangit]
alicate (m)	näpitstangid	[næpitsʲtangit]
formão (m)	peitel	[pejtelʲ]
broca (f)	puur	[pu:r]
berbequim (f)	trellpuur	[trelʲpu:r]
furar (vt)	puurima	[pu:rima]
faca (f)	nuga	[nuga]
lâmina (f)	noatera	[noatera]
afiado	terav	[teraʋ]
cego	nüri	[nʉri]
embotar-se (vr)	nüriks minema	[nʉriks minema]
afiar, amolar (vt)	teritama	[teritama]
parafuso (m)	polt	[polʲt]
porca (f)	mutter	[mutter]
rosca (f)	vint	[ʋint]
parafuso (m) para madeira	kruvi	[kruʋi]
prego (m)	nael	[naelʲ]
cabeça (f) do prego	naelapea	[naelapea]
régua (f)	joonlaud	[jo:nlaut]
fita (f) métrica	möödulint	[mɜ:dulint]
nível (m)	vaaderpass	[ʋa:derpass]
lupa (f)	luup	[lu:p]
medidor (m)	mõõteriist	[mɜ:teri:sʲt]
medir (vt)	mõõtma	[mɜ:tma]
escala (f)	skaala	[ska:la]
indicação (f), registo (m)	näit	[næjt]
compressor (m)	kompressor	[kompressor]
microscópio (m)	mikroskoop	[mikrosko:p]
bomba (f)	pump	[pump]
robô (m)	robot	[robot]
laser (m)	laser	[laser]
chave (f) de boca	mutrivõti	[mutriʋɜti]
fita (f) adesiva	kleeplint	[kle:plint]
cola (f)	liim	[li:m]
lixa (f)	liivapaber	[li:ʋapaber]
mola (f)	vedru	[ʋedru]
íman (m)	magnet	[magnet]

luvas (f pl)	kindad	[kindat]
corda (f)	nöör	[nø:r]
cordel (m)	nöör	[nø:r]
fio (m)	juhe	[juhe]
cabo (m)	kaabel	[ka:belʲ]

marreta (f)	sepavasar	[sepaʋasar]
pé de cabra (m)	kang	[kang]
escada (f) de mão	redel	[redelʲ]
escadote (m)	treppredel	[treppredelʲ]

enroscar (vt)	kinni keerama	[kinni ke:rama]
desenroscar (vt)	lahti keerama	[lahti ke:rama]
apertar (vt)	kinni suruma	[kinni suruma]
colar (vt)	kleepima	[kle:pima]
cortar (vt)	lõikama	[lɜikama]

falha (mau funcionamento)	rike	[rike]
conserto (m)	parandamine	[parandamine]
consertar, reparar (vt)	remontima	[remontima]
regular, ajustar (vt)	reguleerima	[regule:rima]

verificar (vt)	kontrollima	[kontrolʲima]
verificação (f)	kontrollimine	[kontrolʲimine]
indicação (f), registo (m)	näit	[næjt]

| seguro | töökindel | [tø:kindelʲ] |
| complicado | keeruline | [ke:ruline] |

enferrujar (vi)	roostetama	[ro:sʲtetama]
enferrujado	roostetanud	[ro:sʲtetanut]
ferrugem (f)	rooste	[ro:sʲte]

Transportes

105. Avião

avião (m)	lennuk	[lennuk]
bilhete (m) de avião	lennukipilet	[lennukipilet]
companhia (f) aérea	lennukompanii	[lennukompani:]
aeroporto (m)	lennujaam	[lennuja:m]
supersónico	ülehelikiiruse	[üleheliki:ruse]
comandante (m) do avião	lennukikomandör	[lennukikomandør]
tripulação (f)	meeskond	[me:skont]
piloto (m)	piloot	[pilo:t]
hospedeira (f) de bordo	stjuardess	[sʲtjuardess]
copiloto (m)	tüürimees	[tʉ:rime:s]
asas (f pl)	tiivad	[ti:ʋat]
cauda (f)	saba	[saba]
cabine (f) de pilotagem	kabiin	[kabi:n]
motor (m)	mootor	[mo:tor]
trem (m) de aterragem	telik	[telik]
turbina (f)	turbiin	[turbi:n]
hélice (f)	propeller	[propelʲer]
caixa-preta (f)	must kast	[musʲt kasʲt]
coluna (f) de controlo	tüür	[tʉ:r]
combustível (m)	kütus	[kʉtus]
instruções (f pl) de segurança	instruktsioon	[insʲtruktsio:n]
máscara (f) de oxigénio	hapnikumask	[hapnikumask]
uniforme (m)	vormiriietus	[ʋormiri:etus]
colete (m) salva-vidas	päästevest	[pæ:sʲteʋesʲt]
paraquedas (m)	langevari	[langeʋari]
descolagem (f)	õhkutõusmine	[ɜhkutɜusmine]
descolar (vi)	õhku tõusma	[ɜhku tɜusma]
pista (f) de descolagem	tõusurada	[tɜusurada]
visibilidade (f)	nähtavus	[næhtaʋus]
voo (m)	lend	[lent]
altura (f)	kõrgus	[kɜrgus]
poço (m) de ar	õhuauk	[ɜhuauk]
assento (m)	koht	[koht]
auscultadores (m pl)	kõrvaklapid	[kɜrʋaklapit]
mesa (f) rebatível	klapplaud	[klapplaut]
vigia (f)	illuminaator	[ilʲumina:tor]
passagem (f)	vahekäik	[ʋahekæjk]

106. Comboio

comboio (m)	rong	[rong]
comboio (m) suburbano	elektrirong	[elektrirong]
comboio (m) rápido	kiirrong	[ki:rrong]
locomotiva (f) diesel	mootorvedur	[mo:toruedur]
locomotiva (f) a vapor	auruvedur	[auruuedur]
carruagem (f)	vagun	[uagun]
carruagem restaurante (f)	restoranvagun	[resʲtoranuagun]
carris (m pl)	rööpad	[rø:pat]
caminho de ferro (m)	raudtee	[raudte:]
travessa (f)	liiper	[li:per]
plataforma (f)	platvorm	[platuorm]
linha (f)	tee	[te:]
semáforo (m)	semafor	[semafor]
estação (f)	jaam	[ja:m]
maquinista (m)	vedurijuht	[uedurijuht]
bagageiro (m)	pakikandja	[pakikandja]
hospedeiro, -a (da carruagem)	vagunisaatja	[uagunisa:tja]
passageiro (m)	reisija	[rejsija]
revisor (m)	kontrolör	[kontrolør]
corredor (m)	koridor	[koridor]
freio (m) de emergência	hädapidur	[hædapidur]
compartimento (m)	kupee	[kupe:]
cama (f)	nari	[nari]
cama (f) de cima	ülemine nari	[ʉlemine nari]
cama (f) de baixo	alumine nari	[alumine nari]
roupa (f) de cama	voodipesu	[uo:dipesu]
bilhete (m)	pilet	[pilet]
horário (m)	sõiduplaan	[sɜidupla:n]
painel (m) de informação	tabloo	[tablo:]
partir (vt)	väljuma	[uæljuma]
partida (f)	väljumine	[uæljumine]
chegar (vi)	saabuma	[sa:buma]
chegada (f)	saabumine	[sa:bumine]
chegar de comboio	rongiga saabuma	[rongiga sa:buma]
apanhar o comboio	rongile minema	[rongile minema]
sair do comboio	rongilt maha minema	[rongilʲt maha minema]
acidente (m) ferroviário	rongiõnnetus	[rongiɜnnetus]
descarrilar (vi)	rööbastelt maha jooksma	[rø:basʲtelʲt maha jo:ksma]
locomotiva (f) a vapor	auruvedur	[auruuedur]
fogueiro (m)	kütja	[kʉtja]
fornalha (f)	kolle	[kolʲe]
carvão (m)	süsi	[sʉsi]

107. Barco

navio (m)	laev	[laeʋ]
embarcação (f)	laev	[laeʋ]
vapor (m)	aurik	[aurik]
navio (m)	mootorlaev	[mo:torlaeʋ]
transatlântico (m)	liinilaev	[li:nilaeʋ]
cruzador (m)	ristleja	[risʲtleja]
iate (m)	jaht	[jaht]
rebocador (m)	puksiir	[puksi:r]
barcaça (f)	lodi	[lodi]
ferry (m)	parvlaev	[parʋlaeʋ]
veleiro (m)	purjelaev	[purjelaeʋ]
bergantim (m)	brigantiin	[briganti:n]
quebra-gelo (m)	jäälõhkuja	[jæ:lɜhkuja]
submarino (m)	allveelaev	[alʲʋe:laeʋ]
bote, barco (m)	paat	[pa:t]
bote, dingue (m)	luup	[lu:p]
bote (m) salva-vidas	päästepaat	[pæ:sʲtepa:t]
lancha (f)	kaater	[ka:ter]
capitão (m)	kapten	[kapten]
marinheiro (m)	madrus	[madrus]
marujo (m)	meremees	[mereme:s]
tripulação (f)	meeskond	[me:skont]
contramestre (m)	pootsman	[po:tsman]
grumete (m)	junga	[junga]
cozinheiro (m) de bordo	kokk	[kokk]
médico (m) de bordo	laevaarst	[laeʋa:rsʲt]
convés (m)	tekk	[tekk]
mastro (m)	mast	[masʲt]
vela (f)	puri	[puri]
porão (m)	trümm	[trʉmm]
proa (f)	vöör	[ʋø:r]
popa (f)	ahter	[ahter]
remo (m)	aer	[aer]
hélice (f)	kruvi	[kruʋi]
camarote (m)	kajut	[kajut]
sala (f) dos oficiais	ühiskajut	[ʉhiskajut]
sala (f) das máquinas	masinaruum	[masinaru:m]
ponte (m) de comando	kaptenisild	[kaptenisilʲt]
sala (f) de comunicações	raadiosõlm	[ra:diosɜlʲm]
onda (f) de rádio	raadiolaine	[ra:diolaine]
diário (m) de bordo	logiraamat	[logira:mat]
luneta (f)	pikksilm	[pikksilʲm]
sino (m)	kirikukell	[kirikukelʲ]

bandeira (f)	lipp	[lipp]
cabo (m)	köis	[køis]
nó (m)	sõlm	[sɜlʲm]

corrimão (m)	käsipuu	[kæsipu:]
prancha (f) de embarque	trapp	[trapp]

âncora (f)	ankur	[ankur]
recolher a âncora	ankur sisse	[ankur sisse]
lançar a âncora	ankur välja	[ankur vælja]
amarra (f)	ankrukett	[ankrukett]

porto (m)	sadam	[sadam]
cais, amarradouro (m)	sadam	[sadam]
atracar (vi)	randuma	[randuma]
desatracar (vi)	kaldast eemalduma	[kalʲdasʲt e:malʲduma]

viagem (f)	reis	[rejs]
cruzeiro (m)	kruiis	[krui:s]
rumo (m), rota (f)	kurss	[kurss]
itinerário (m)	marsruut	[marsru:t]

canal (m) navegável	laevasõidutee	[laevasɜidute:]
banco (m) de areia	madalik	[madalik]
encalhar (vt)	madalikule jääma	[madalikule jæ:ma]

tempestade (f)	torm	[torm]
sinal (m)	signaal	[signa:lʲ]
afundar-se (vr)	uppuma	[uppuma]
Homem ao mar!	Mees üle parda!	[me:s üle parda!]
SOS	SOS	[sos]
boia (f) salva-vidas	päästerõngas	[pæ:sʲterɜngas]

108. Aeroporto

aeroporto (m)	lennujaam	[lennuja:m]
avião (m)	lennuk	[lennuk]
companhia (f) aérea	lennukompanii	[lennukompani:]
controlador (m) de tráfego aéreo	dispetšer	[dispetʃer]

partida (f)	väljalend	[væljalent]
chegada (f)	saabumine	[sa:bumine]
chegar (~ de avião)	saabuma	[sa:buma]

hora (f) de partida	väljalennuaeg	[væljalennuaeg]
hora (f) de chegada	saabumisaeg	[sa:bumisaeg]

estar atrasado	hilinema	[hilinema]
atraso (m) de voo	väljalend hilineb	[væljalent hilineb]

painel (m) de informação	teadetetabloo	[teadetetablo:]
informação (f)	teave	[teave]
anunciar (vt)	teatama	[teatama]

voo (m)	reis	[rejs]
alfândega (f)	toll	[tolʲ]
funcionário (m) da alfândega	tolliametnik	[tolʲiametnik]
declaração (f) alfandegária	deklaratsioon	[deklaratsio:n]
preencher (vt)	täitma	[tæjtma]
preencher a declaração	deklaratsiooni täitma	[deklaratsio:ni tæjtma]
controlo (m) de passaportes	passikontroll	[passikontrolʲ]
bagagem (f)	pagas	[pagas]
bagagem (f) de mão	käsipakid	[kæsipakit]
carrinho (m)	pagasikäru	[pagasikæru]
aterragem (f)	maandumine	[ma:ndumine]
pista (f) de aterragem	maandumisrada	[ma:ndumisrada]
aterrar (vi)	maanduma	[ma:nduma]
escada (f) de avião	lennukitrepp	[lennukitrepp]
check-in (m)	registreerimine	[regisʲtre:rimine]
balcão (m) do check-in	registreerimiselett	[regisʲtre:rimiselett]
fazer o check-in	registreerima	[regisʲtre:rima]
cartão (m) de embarque	lennukissemineku talong	[lennukissemineku talong]
porta (f) de embarque	lennukisse minek	[lennukisse minek]
trânsito (m)	transiit	[transi:t]
esperar (vi, vt)	ootama	[o:tama]
sala (f) de espera	ooteruum	[o:teru:m]
despedir-se de ...	saatma	[sa:tma]
despedir-se (vr)	hüvasti jätma	[hʉʋasʲti jætma]

Eventos

109. Férias. Evento

festa (f)	pidu	[pidu]
festa (f) nacional	rahvuspüha	[rahʋuspʉha]
feriado (m)	pidupäev	[pidupæəʋ]
festejar (vt)	pidu pidama	[pidu pidama]
evento (festa, etc.)	sündmus	[sʉndmus]
evento (banquete, etc.)	üritus	[ʉritus]
banquete (m)	bankett	[bankett]
receção (f)	vastuvõtt	[ʋasʲtuʋɜtt]
festim (m)	pidu	[pidu]
aniversário (m)	aastapäev	[a:sʲtapæəʋ]
jubileu (m)	juubelipidu	[ju:belipidu]
celebrar (vt)	tähistama	[tæhisʲtama]
Ano (m) Novo	Uusaasta	[u:sa:sʲta]
Feliz Ano Novo!	Head uut aastat!	[heat u:t a:sʲtat!]
Pai (m) Natal	Jõuluvana	[jɜuluʋana]
Natal (m)	Jõulud	[jɜulut]
Feliz Natal!	Rõõmsaid jõulupühi!	[rɜ:msait jɜulupʉhi!]
árvore (f) de Natal	jõulukuusk	[jɜuluku:sk]
fogo (m) de artifício	saluut	[salu:t]
boda (f)	pulmad	[pulʲmat]
noivo (m)	peigmees	[pejgme:s]
noiva (f)	pruut	[pru:t]
convidar (vt)	kutsuma	[kutsuma]
convite (m)	kutse	[kutse]
convidado (m)	külaline	[kʉlaline]
visitar (vt)	külla minema	[kʉlʲæ minema]
receber os hóspedes	külalisi vastu võtma	[kʉlalisi ʋasʲtu ʋɜtma]
presente (m)	kingitus	[kingitus]
oferecer (vt)	kinkima	[kinkima]
receber presentes	kingitusi saama	[kingitusi sa:ma]
ramo (m) de flores	lillekimp	[lilʲekimp]
felicitações (f pl)	õnnitlus	[ɜnnitlus]
felicitar (dar os parabéns)	õnnitlema	[ɜnnitlema]
cartão (m) de parabéns	õnnitluskaart	[ɜnnitluska:rt]
enviar um postal	kaarti saatma	[ka:rti sa:tma]
receber um postal	kaarti saama	[ka:rti sa:ma]

brinde (m)	toost	[to:sʲt]
oferecer (vt)	kostitama	[kosʲtitama]
champanhe (m)	šampus	[ʃampus]

divertir-se (vr)	lõbutsema	[lɜbutsema]
diversão (f)	lust	[lusʲt]
alegria (f)	rõõm	[rɜ:m]

| dança (f) | tants | [tants] |
| dançar (vi) | tantsima | [tantsima] |

| valsa (f) | valss | [ʋalʲss] |
| tango (m) | tango | [tango] |

110. Funerais. Enterro

cemitério (m)	kalmistu	[kalʲmisʲtu]
sepultura (f), túmulo (m)	haud	[haut]
cruz (f)	rist	[risʲt]
lápide (f)	hauakivi	[hauakiʋi]
cerca (f)	piirdeaed	[pi:rdeaet]
capela (f)	kabel	[kabelʲ]

morte (f)	surm	[surm]
morrer (vi)	surema	[surema]
defunto (m)	kadunu	[kadunu]
luto (m)	lein	[lejn]

enterrar, sepultar (vt)	matma	[matma]
agência (f) funerária	matusebüroo	[matusebʉro:]
funeral (m)	matus	[matus]

coroa (f) de flores	pärg	[pærg]
caixão (m)	kirst	[kirsʲt]
carro (m) funerário	katafalk	[katafalʲk]
mortalha (f)	surilina	[surilina]

procissão (f) funerária	matuserongkäik	[matuserongkæjk]
urna (f) funerária	urn	[urn]
crematório (m)	krematoorium	[kremato:rium]

obituário (m), necrologia (f)	nekroloog	[nekrolo:g]
chorar (vi)	nutma	[nutma]
soluçar (vi)	ulguma	[ulʲguma]

111. Guerra. Soldados

pelotão (m)	jagu	[jagu]
companhia (f)	rood	[ro:t]
regimento (m)	polk	[polʲk]
exército (m)	kaitsevägi	[kaitseʋægi]
divisão (f)	divisjon	[diʋisjon]

destacamento (m)	rühm	[rʉhm]
hoste (f)	vägi	[ʋægi]
soldado (m)	sõdur	[sɜdur]
oficial (m)	ohvitser	[ohʋitser]
soldado (m) raso	reamees	[reame:s]
sargento (m)	seersant	[se:rsant]
tenente (m)	leitnant	[lejtnant]
capitão (m)	kapten	[kapten]
major (m)	major	[major]
coronel (m)	kolonel	[kolonelʲ]
general (m)	kindral	[kindralʲ]
marujo (m)	meremees	[mereme:s]
capitão (m)	kapten	[kapten]
contramestre (m)	pootsman	[po:tsman]
artilheiro (m)	suurtükiväelane	[su:rtʉkiʋæəlane]
soldado (m) paraquedista	dessantväelane	[dessantʋæəlane]
piloto (m)	lendur	[lendur]
navegador (m)	tüürimees	[tʉ:rime:s]
mecânico (m)	mehaanik	[meha:nik]
sapador (m)	sapöör	[sapø:r]
paraquedista (m)	langevarjur	[langeʋarjur]
explorador (m)	luuraja	[lu:raja]
franco-atirador (m)	snaiper	[snaiper]
patrulha (f)	patrull	[patrulʲ]
patrulhar (vt)	patrullima	[patrulʲima]
sentinela (f)	tunnimees	[tunnime:s]
guerreiro (m)	sõjamees	[sɜjame:s]
patriota (m)	patrioot	[patrio:t]
herói (m)	kangelane	[kangelane]
heroína (f)	kangelanna	[kangelanna]
traidor (m)	äraandja	[æra:ndja]
trair (vt)	ära andma	[æra andma]
desertor (m)	desertöör	[desertø:r]
desertar (vt)	deserteerima	[deserte:rima]
mercenário (m)	palgasõdur	[palʲgasɜdur]
recruta (m)	noorsõdur	[no:rsɜdur]
voluntário (m)	vabatahtlik	[ʋabatahtlik]
morto (m)	tapetu	[tapetu]
ferido (m)	haavatu	[ha:ʋatu]
prisioneiro (m) de guerra	sõjavang	[sɜjaʋang]

112. Guerra. Ações militares. Parte 1

guerra (f)	sõda	[sɜda]
guerrear (vt)	sõdima	[sɜdima]

guerra (f) civil	kodusõda	[kodusɜda]
perfidamente	reetlikult	[reːtlikulʲt]
declaração (f) de guerra	sõjakuulutamine	[sɜjakuːlutamine]
declarar (vt) guerra	sõda kuulutama	[sɜda kuːlutama]
agressão (f)	agressioon	[agressioːn]
atacar (vt)	kallale tungima	[kalʲæle tungima]
invadir (vt)	anastama	[anasʲtama]
invasor (m)	anastaja	[anasʲtaja]
conquistador (m)	vallutaja	[ʋalʲutaja]
defesa (f)	kaitse	[kaitse]
defender (vt)	kaitsma	[kaitsma]
defender-se (vr)	ennast kaitsma	[ennasʲt kaitsma]
inimigo (m)	vaenlane	[ʋaenlane]
adversário (m)	vastane	[ʋasʲtane]
inimigo	vaenulik	[ʋaenulik]
estratégia (f)	strateegia	[sʲtrateːgia]
tática (f)	taktika	[taktika]
ordem (f)	käsk	[kæsk]
comando (m)	käsk	[kæsk]
ordenar (vt)	käskima	[kæskima]
missão (f)	ülesanne	[ʉlesanne]
secreto	salajane	[salajane]
batalha (f)	võitlus	[ʋɜitlus]
combate (m)	lahing	[lahing]
ataque (m)	rünnak	[rʉnnak]
assalto (m)	rünnak	[rʉnnak]
assaltar (vt)	ründama	[rʉndama]
assédio, sítio (m)	ümberpiiramine	[ʉmberpiːramine]
ofensiva (f)	pealetung	[pealetung]
passar à ofensiva	peale tungima	[peale tungima]
retirada (f)	taganemine	[taganemine]
retirar-se (vr)	taganema	[taganema]
cerco (m)	ümberpiiramine	[ʉmberpiːramine]
cercar (vt)	ümber piirama	[ʉmber piːrama]
bombardeio (m)	pommitamine	[pommitamine]
lançar uma bomba	pommi heitma	[pommi hejtma]
bombardear (vt)	pommitama	[pommitama]
explosão (f)	plahvatus	[plahʋatus]
tiro (m)	lask	[lask]
disparar um tiro	tulistama	[tulisʲtama]
tiroteio (m)	tulistamine	[tulisʲtamine]
apontar para …	sihtima	[sihtima]
apontar (vt)	sihikule võtma	[sihikule ʋɜtma]

acertar (vt)	tabama	[tabama]
afundar (um navio)	põhja laskma	[pɜhja laskma]
brecha (f)	mürsuauk	[mʉrsuauk]
afundar-se (vr)	põhja minema	[pɜhja minema]
frente (m)	rinne	[rinne]
evacuação (f)	evakuatsioon	[eʊakuatsio:n]
evacuar (vt)	evakueerima	[eʊakue:rima]
trincheira (f)	kaevik	[kaeʊik]
arame (m) farpado	okastraat	[okasʲtra:t]
obstáculo (m) anticarro	kaitsevall	[kaitseʋalʲ]
torre (f) de vigia	vaatetorn	[ʊa:tetorn]
hospital (m)	hospital	[hospitalʲ]
ferir (vt)	haavama	[ha:ʊama]
ferida (f)	haav	[ha:ʊ]
ferido (m)	haavatu	[ha:ʊatu]
ficar ferido	haavata saama	[ha:ʊata sa:ma]
grave (ferida ~)	raske	[raske]

113. Guerra. Ações militares. Parte 2

cativeiro (m)	vangistus	[ʊangisʲtus]
capturar (vt)	vangi võtma	[ʊangi ʊɜtma]
estar em cativeiro	vangis olema	[ʊangis olema]
ser aprisionado	vangi sattuma	[ʊangi sattuma]
campo (m) de concentração	koonduslaager	[ko:ndusla:ger]
prisioneiro (m) de guerra	sõjavang	[sɜjaʊang]
escapar (vi)	vangist põgenema	[ʊangisʲt pɜgenema]
trair (vt)	reetma, ära andma	[re:tma, æra andma]
traidor (m)	äraandja	[æra:ndja]
traição (f)	reetmine	[re:tmine]
fuzilar, executar (vt)	maha laskma	[maha laskma]
fuzilamento (m)	mahalaskmine	[mahalaskmine]
equipamento (m)	vormiriietus	[ʊormiri:etus]
platina (f)	pagun	[pagun]
máscara (f) antigás	gaasimask	[ga:simask]
rádio (m)	raadiosaatja	[ra:diosa:tja]
cifra (f), código (m)	šiffer	[ʃiffer]
conspiração (f)	konspiratsioon	[konspiratsio:n]
senha (f)	parool	[paro:lʲ]
mina (f)	miin	[mi:n]
minar (vt)	mineerima	[mine:rima]
campo (m) minado	miiniväli	[mi:niʊæli]
alarme (m) aéreo	õhuhäire	[ɜhuhæjre]
alarme (m)	häire	[hæjre]

sinal (m)	signaal	[signa:lʲ]
sinalizador (m)	signaalrakett	[signa:lʲrakett]

estado-maior (m)	staap	[sʲta:p]
reconhecimento (m)	luure	[lu:re]
situação (f)	olukord	[olukort]
relatório (m)	raport	[raport]
emboscada (f)	varistus	[ʋarisʲtus]
reforço (m)	lisajõud	[lisajɜut]

alvo (m)	märklaud	[mærklaut]
campo (m) de tiro	polügoon	[polʉgo:n]
manobras (f pl)	manöövrid	[manø:ʋrit]

pânico (m)	paanika	[pa:nika]
devastação (f)	häving	[hæʋiŋg]
ruínas (f pl)	purustused	[purusʲtuset]
destruir (vt)	purustama	[purusʲtama]

sobreviver (vi)	ellu jääma	[elʲu jæ:ma]
desarmar (vt)	relvituks tegema	[relʲʋituks tegema]
manusear (vt)	relva käsitlema	[relʲʋa kæsitlema]

Firmes!	Valvel!	[ʋalʲʋel!]
Descansar!	Vabalt!	[ʋabalʲt!]

façanha (f)	kangelastegu	[kangelasʲtegu]
juramento (m)	tõotus	[tɜotus]
jurar (vi)	tõotama	[tɜotama]

condecoração (f)	autasu	[autasu]
condecorar (vt)	autasustama	[autasusʲtama]
medalha (f)	medal	[medalʲ]
ordem (f)	orden	[orden]

vitória (f)	võit	[ʋɜit]
derrota (f)	kaotus	[kaotus]
armistício (m)	vaherahu	[ʋaherahu]

bandeira (f)	lipp	[lipp]
glória (f)	kuulsus	[ku:lʲsus]
desfile (m) militar	paraad	[para:t]
marchar (vi)	marssima	[marssima]

114. Armas

arma (f)	relv	[relʲʋ]
arma (f) de fogo	tulirelv	[tulirelʲʋ]
arma (f) branca	külmrelv	[kʉlʲmrelʲʋ]

arma (f) química	keemiarelv	[ke:miarelʲʋ]
nuclear	tuuma-	[tu:ma-]
arma (f) nuclear	tuumarelv	[tu:marelʲʋ]
bomba (f)	pomm	[pomm]

bomba (f) atómica	aatomipomm	[a:tomipomm]
pistola (f)	püstol	[pʉsʲtolʲ]
caçadeira (f)	püss	[pʉss]
pistola-metralhadora (f)	automaat	[automa:t]
metralhadora (f)	kuulipilduja	[ku:lipilʲduja]
boca (f)	püssitoru	[pʉssitoru]
cano (m)	püssitoru	[pʉssitoru]
calibre (m)	kaliiber	[kali:ber]
gatilho (m)	vinn	[ʋinn]
mira (f)	sihik	[sihik]
carregador (m)	padrunisalv	[padrunisalʲʊ]
coronha (f)	püssipära	[pʉssipæra]
granada (f) de mão	granaat	[grana:t]
explosivo (m)	lõhkeaine	[lɜhkeaine]
bala (f)	kuul	[ku:lʲ]
cartucho (m)	padrun	[padrun]
carga (f)	laeng	[laeng]
munições (f pl)	lahingumoon	[lahingumo:n]
bombardeiro (m)	pommilennuk	[pommilennuk]
avião (m) de caça	hävituslennuk	[hæʋituslennuk]
helicóptero (m)	helikopter	[helikopter]
canhão (m) antiaéreo	õhutõrjekahur	[ɜhutɜrjekahur]
tanque (m)	tank	[tank]
canhão (de um tanque)	kahur	[kahur]
artilharia (f)	kahurivägi	[kahuriʋægi]
canhão (m)	suurtükk	[su:rtʉkk]
fazer a pontaria	sihikule võtma	[sihikule ʊɜtma]
obus (m)	mürsk	[mʉrsk]
granada (f) de morteiro	miin	[mi:n]
morteiro (m)	miinipilduja	[mi:nipilʲduja]
estilhaço (m)	kild	[kilʲt]
submarino (m)	allveelaev	[alʲʋe:laeʋ]
torpedo (m)	torpeedo	[torpe:do]
míssil (m)	rakett	[rakett]
carregar (uma arma)	laadima	[la:dima]
atirar, disparar (vi)	tulistama	[tulisʲtama]
apontar para ...	sihtima	[sihtima]
baioneta (f)	tääk	[tæ:k]
espada (f)	mõõk	[mɜ:k]
sabre (m)	saabel	[sa:belʲ]
lança (f)	oda	[oda]
arco (m)	vibu	[ʋibu]
flecha (f)	nool	[no:lʲ]
mosquete (m)	musket	[musket]
besta (f)	arbalett	[arbalett]

115. Povos da antiguidade

primitivo	ürgne	[ʉrgne]
pré-histórico	eelajalooline	[e:lajalo:line]
antigo	iidne	[i:dne]
Idade (f) da Pedra	kiviaeg	[kiʋiaeg]
Idade (f) do Bronze	pronksiaeg	[pronksiaeg]
período (m) glacial	jääaeg	[jæ::eg]
tribo (f)	suguharu	[suguharu]
canibal (m)	inimsööja	[inimsø:ja]
caçador (m)	kütt	[kʉtt]
caçar (vi)	jahil käima	[jahilʲ kæjma]
mamute (m)	mammut	[mammut]
caverna (f)	koobas	[ko:bas]
fogo (m)	tuli	[tuli]
fogueira (f)	lõke	[lɜke]
pintura (f) rupestre	kaljujoonis	[kaljujo:nis]
ferramenta (f)	tööriist	[tø:ri:sʲt]
lança (f)	oda	[oda]
machado (m) de pedra	kivikirves	[kiʋikirʋes]
guerrear (vt)	sõdima	[sɜdima]
domesticar (vt)	kodustama	[kodusʲtama]
ídolo (m)	iidol	[i:dolʲ]
adorar, venerar (vt)	kummardama	[kummardama]
superstição (f)	ebausk	[ebausk]
ritual (m)	riitus	[ri:tus]
evolução (f)	evolutsioon	[eʋolutsio:n]
desenvolvimento (m)	areng	[areng]
desaparecimento (m)	kadumine	[kadumine]
adaptar-se (vr)	kohanema	[kohanema]
arqueologia (f)	arheoloogia	[arheolo:gia]
arqueólogo (m)	arheoloog	[arheolo:g]
arqueológico	arheoloogiline	[arheolo:giline]
local (m) das escavações	väljakaevamised	[ʋæljakaeʋamiset]
escavações (f pl)	väljakaevamised	[ʋæljakaeʋamiset]
achado (m)	leid	[lejt]
fragmento (m)	fragment	[fragment]

116. Idade média

povo (m)	rahvas	[rahʋas]
povos (m pl)	rahvad	[rahʋat]
tribo (f)	suguharu	[suguharu]
tribos (f pl)	hõimud	[hɜimut]
bárbaros (m pl)	barbar	[barbar]

gauleses (m pl)	gallid	[galʲit]
godos (m pl)	goodid	[goːdit]
eslavos (m pl)	slaavlased	[slaːʋlaset]
víquingues (m pl)	viikingid	[ʋiːkingit]
romanos (m pl)	roomlased	[roːmlaset]
romano	rooma	[roːma]
bizantinos (m pl)	bütsantslased	[bɵtsantslaset]
Bizâncio	Bütsants	[bɵtsants]
bizantino	bütsantsi	[bɵtsantsi]
imperador (m)	imperaator	[imperaːtor]
líder (m)	pealik	[pealik]
poderoso	võimas	[ʋɜimas]
rei (m)	kuningas	[kuningas]
governante (m)	valitseja	[ʋalitseja]
cavaleiro (m)	rüütel	[rɵːtelʲ]
senhor feudal (m)	feodaal	[feodaːlʲ]
feudal	feodaalne	[feodaːlʲne]
vassalo (m)	vasall	[ʋasalʲ]
duque (m)	hertsog	[hertsog]
conde (m)	krahv	[krahʊ]
barão (m)	parun	[parun]
bispo (m)	piiskop	[piːskop]
armadura (f)	lahinguvarustus	[lahinguʋarusʲtus]
escudo (m)	kilp	[kilʲp]
espada (f)	mõõk	[mɜːk]
viseira (f)	visiir	[ʋisiːr]
cota (f) de malha	raudrüü	[raudrɵː]
cruzada (f)	ristiretk	[risʲtiretk]
cruzado (m)	ristirüütel	[risʲtirɵːtelʲ]
território (m)	territoorium	[territoːrium]
atacar (vt)	kallale tungima	[kalʲæle tungima]
conquistar (vt)	vallutama	[ʋalʲutama]
ocupar, invadir (vt)	anastama	[anasʲtama]
assédio, sítio (m)	ümberpiiramine	[ɵmberpiːramine]
sitiado	ümberpiiratud	[ɵmberpiːratut]
assediar, sitiar (vt)	ümber piirama	[ɵmber piːrama]
inquisição (f)	inkvisitsioon	[inkʋisitsioːn]
inquisidor (m)	inkvisiitor	[inkʋisiːtor]
tortura (f)	piinamine	[piːnamine]
cruel	julm	[julʲm]
herege (m)	ketser	[ketser]
heresia (f)	ketserlus	[ketserlus]
navegação (f) marítima	meresõit	[meresɜit]
pirata (m)	piraat	[piraːt]
pirataria (f)	piraatlus	[piraːtlus]

abordagem (f)	abordaaž	[aborda:ʒ]
presa (f), butim (m)	sõjasaak	[sɜjasa:k]
tesouros (m pl)	aarded	[a:rdet]

descobrimento (m)	maadeavastamine	[ma:deaʋasʲtamine]
descobrir (novas terras)	avastama	[aʋasʲtama]
expedição (f)	ekspeditsioon	[ekspeditsio:n]

mosqueteiro (m)	musketär	[musketær]
cardeal (m)	kardinal	[kardinalʲ]
heráldica (f)	heraldika	[heralʲdika]
heráldico	heraldiline	[heralʲdiline]

117. Líder. Chefe. Autoridades

rei (m)	kuningas	[kuningas]
rainha (f)	kuninganna	[kuninganna]
real	kuninglik	[kuninglik]
reino (m)	kuningriik	[kuningri:k]

| príncipe (m) | prints | [prints] |
| princesa (f) | printsess | [printsess] |

presidente (m)	president	[president]
vice-presidente (m)	asepresident	[asepresident]
senador (m)	senaator	[sena:tor]

monarca (m)	monarh	[monarh]
governante (m)	valitseja	[ʋalitseja]
ditador (m)	diktaator	[dikta:tor]
tirano (m)	türann	[tʉrann]
magnata (m)	magnaat	[magna:t]

diretor (m)	direktor	[direktor]
chefe (m)	šeff	[ʃeff]
dirigente (m)	juhataja	[juhataja]
patrão (m)	boss	[boss]
dono (m)	peremees	[pereme:s]

líder, chefe (m)	liider	[li:der]
chefe (~ de delegação)	juht	[juht]
autoridades (f pl)	võimud	[ʋɜimut]
superiores (m pl)	juhtkond	[juhtkont]

governador (m)	kuberner	[kuberner]
cônsul (m)	konsul	[konsulʲ]
diplomata (m)	diplomaat	[diploma:t]
Presidente (m) da Câmara	linnapea	[linnapea]
xerife (m)	šerif	[ʃerif]

imperador (m)	imperaator	[impera:tor]
czar (m)	tsaar	[tsa:r]
faraó (m)	vaarao	[ʋa:rao]
cã (m)	khaan	[kha:n]

118. Viloação da lei. Criminosos. Parte 1

bandido (m)	bandiit	[bandi:t]
crime (m)	kuritegu	[kuritegu]
criminoso (m)	kurjategija	[kurjategija]
ladrão (m)	varas	[ʋaras]
roubar (vt)	varastama	[ʋarasʲtama]
furto, roubo (m)	vargus	[ʋargus]
raptar (ex. ~ uma criança)	röövima	[rø:ʋima]
rapto (m)	inimrööv	[inimrø:ʋ]
raptor (m)	röövija	[rø:ʋija]
resgate (m)	lunaraha	[lunaraha]
pedir resgate	lunaraha nõudma	[lunaraha nɜudma]
roubar (vt)	röövima	[rø:ʋima]
assalto, roubo (m)	rööv	[rø:ʋ]
assaltante (m)	röövel	[rø:ʋelʲ]
extorquir (vt)	välja pressima	[ʋælja pressima]
extorsionário (m)	väljapressija	[ʋæljapressija]
extorsão (f)	väljapressimine	[ʋæljapressimine]
matar, assassinar (vt)	tapma	[tapma]
homicídio (m)	mõrv	[mɜrʋ]
homicida, assassino (m)	mõrvar	[mɜrʋar]
tiro (m)	lask	[lask]
dar um tiro	tulistama	[tulisʲtama]
matar a tiro	maha laskma	[maha laskma]
atirar, disparar (vi)	tulistama	[tulisʲtama]
tiroteio (m)	laskmine	[laskmine]
incidente (m)	juhtum	[juhtum]
briga (~ de rua)	kaklus	[kaklus]
Socorro!	Appi!	[appi!]
vítima (f)	ohver	[ohʋer]
danificar (vt)	vigastama	[ʋigasʲtama]
dano (m)	vigastus	[ʋigasʲtus]
cadáver (m)	laip	[laip]
grave	ränk	[rænk]
atacar (vt)	kallale tungima	[kalʲæle tungima]
bater (espancar)	lööma	[lø:ma]
espancar (vt)	läbi peksma	[lʲæbi peksma]
tirar, roubar (dinheiro)	ära võtma	[æra ʋɜtma]
esfaquear (vt)	pussitama	[pussitama]
mutilar (vt)	sandiks peksma	[sandiks peksma]
ferir (vt)	haavama	[ha:ʋama]
chantagem (f)	šantaaž	[ʃanta:ʒ]
chantagear (vt)	šantažeerima	[ʃantaʒe:rima]

chantagista (m)	šantažeerija	[ʃantaʒeːrija]
extorsão	reket	[reket]
(em troca de proteção)		
extorsionário (m)	väljapressija	[vælʲjapressija]
gângster (m)	gangster	[gangsʲter]
máfia (f)	maffia	[maffia]
carteirista (m)	taskuvaras	[taskuʋaras]
assaltante, ladrão (m)	murdvaras	[murdʋaras]
contrabando (m)	salakaubandus	[salakaubandus]
contrabandista (m)	salakaubavedaja	[salakaubaʋedaja]
falsificação (f)	võltsing	[ʋɜlʲtsing]
falsificar (vt)	võltsima	[ʋɜlʲtsima]
falsificado	võltsitud	[ʋɜlʲtsitut]

119. Viloação da lei. Criminosos. Parte 2

violação (f)	vägistamine	[ʋægisʲtamine]
violar (vt)	vägistama	[ʋægisʲtama]
violador (m)	vägistaja	[ʋægisʲtaja]
maníaco (m)	maniakk	[maniakk]
prostituta (f)	prostituut	[prosʲtituːt]
prostituição (f)	prostitutsioon	[prosʲtitutsioːn]
chulo (m)	sutenöör	[sutenøːr]
toxicodependente (m)	narkomaan	[narkomaːn]
traficante (m)	narkokaupmees	[narkokaupmeːs]
explodir (vt)	õhku laskma	[ɜhku laskma]
explosão (f)	plahvatus	[plahʋatus]
incendiar (vt)	süütama	[sʉːtama]
incendiário (m)	süütaja	[sʉːtaja]
terrorismo (m)	terrorism	[terrorism]
terrorista (m)	terrorist	[terrorisʲt]
refém (m)	pantvang	[pantʋang]
enganar (vt)	petma	[petma]
engano (m)	pettus	[pettus]
vigarista (m)	petis	[petis]
subornar (vt)	pistist andma	[pisʲtisʲt andma]
suborno (atividade)	pistise andmine	[pisʲtise andmine]
suborno (dinheiro)	altkäemaks	[alʲtkæəmaks]
veneno (m)	mürk	[mʉrk]
envenenar (vt)	mürgitama	[mʉrgitama]
envenenar-se (vr)	ennast mürgitama	[ennasʲt mʉrgitama]
suicídio (m)	enesetapp	[enesetapp]
suicida (m)	enesetapja	[enesetapja]
ameaçar (vt)	ähvardama	[æhʋardama]

ameaça (f)	ähvardus	[æhʋardus]
atentar contra a vida de ...	kallale kippuma	[kalʲæle kippuma]
atentado (m)	elule kallalekippumine	[elule kalʲælekippumine]
roubar (o carro)	ärandama	[ærandama]
desviar (o avião)	kaaperdama	[ka:perdama]
vingança (f)	kättemaks	[kættemaks]
vingar (vt)	kätte maksma	[kætte maksma]
torturar (vt)	piinama	[pi:nama]
tortura (f)	piinamine	[pi:namine]
atormentar (vt)	vaevama	[ʋaeʋama]
pirata (m)	piraat	[pira:t]
desordeiro (m)	huligaan	[huliga:n]
armado	relvastatud	[relʲʋasʲtatut]
violência (f)	vägivald	[ʋægiʋalʲt]
ilegal	illegaalne	[ilʲega:lʲne]
espionagem (f)	spionaaž	[spiona:ʒ]
espionar (vi)	nuhkima	[nuhkima]

120. Polícia. Lei. Parte 1

justiça (f)	kohtumõistmine	[kohtumɜisʲtmine]
tribunal (m)	kohus	[kohus]
juiz (m)	kohtunik	[kohtunik]
jurados (m pl)	vandemees	[ʋandeme:s]
tribunal (m) do júri	vandemeeste kohus	[ʋandeme:sʲte kohus]
julgar (vt)	kohut mõistma	[kohut mɜisʲtma]
advogado (m)	advokaat	[adʋoka:t]
réu (m)	kohtualune	[kohtualune]
banco (m) dos réus	kohtupink	[kohtupink]
acusação (f)	süüdistus	[sʉ:disʲtus]
acusado (m)	süüdistatav	[sʉ:disʲtataʋ]
sentença (f)	kohtuotsus	[kohtuotsus]
sentenciar (vt)	süüdi mõistma	[sʉ:di mɜisʲtma]
culpado (m)	süüdlane	[sʉ:tlane]
punir (vt)	karistama	[karisʲtama]
punição (f)	karistus	[karisʲtus]
multa (f)	trahv	[trahʋ]
prisão (f) perpétua	eluaegne vanglakaristus	[eluaegne ʋanglakarisʲtus]
pena (f) de morte	surmanuhtlus	[surmanuhtlus]
cadeira (f) elétrica	elektritool	[elektrito:lʲ]
forca (f)	võllas	[ʋɜlʲæs]
executar (vt)	hukkama	[hukkama]
execução (f)	hukkamine	[hukkamine]

prisão (f)	vangla	[ʋangla]
cela (f) de prisão	vangikong	[ʋangikong]
escolta (f)	konvoi	[konʋoj]
guarda (m) prisional	vangivalvur	[ʋangiʋalʲʋur]
preso (m)	vang	[ʋang]
algemas (f pl)	käerauad	[kæerauat]
algemar (vt)	käsi raudu panema	[kæsi raudu panema]
fuga, evasão (f)	põgenemine	[pɜgenemine]
fugir (vi)	põgenema	[pɜgenema]
desaparecer (vi)	kadunuks jääma	[kadunuks jæːma]
soltar, libertar (vt)	vabastama	[ʋabasʲtama]
amnistia (f)	amnestia	[amnesʲtia]
polícia (instituição)	politsei	[politsej]
polícia (m)	politseinik	[politsejnik]
esquadra (f) de polícia	politseijaoskond	[politsejjaoskont]
cassetete (m)	kumminui	[kumminui]
megafone (m)	ruupor	[ruːpor]
carro (m) de patrulha	patrullauto	[patrulʲæuto]
sirene (f)	sireen	[sireːn]
ligar a sirene	sireeni sisse lülitama	[sireːni sisse lʉlitama]
toque (m) da sirene	sireen heli	[sireːn heli]
cena (f) do crime	sündmuspaik	[sʉndmuspaik]
testemunha (f)	tunnistaja	[tunnisʲtaja]
liberdade (f)	vabadus	[ʋabadus]
cúmplice (m)	kaasosaline	[kaːsosaline]
escapar (vi)	varjuma	[ʋarjuma]
traço (não deixar ~s)	jälg	[jælʲg]

121. Polícia. Lei. Parte 2

procura (f)	tagaotsimine	[tagaotsimine]
procurar (vt)	otsima ...	[otsima ...]
suspeita (f)	kahtlustus	[kahtlusʲtus]
suspeito	kahtlane	[kahtlane]
parar (vt)	peatama	[peatama]
deter (vt)	kinni pidama	[kinni pidama]
caso (criminal)	kohtuasi	[kohtuasi]
investigação (f)	uurimine	[uːrimine]
detetive (m)	detektiiv	[detektiːʋ]
investigador (m)	uurija	[uːrija]
versão (f)	versioon	[ʋersioːn]
motivo (m)	motiiv	[motiːʋ]
interrogatório (m)	ülekuulamine	[ʉlekuːlamine]
interrogar (vt)	üle kuulama	[ʉle kuːlama]
questionar (vt)	küsitlema	[kʉsitlema]
verificação (f)	kontrollimine	[kontrolʲimine]

batida (f) policial	haarang	[haːrang]
busca (f)	läbiotsimine	[lʲæbiotsimine]
perseguição (f)	tagaajamine	[tagaːjamine]
perseguir (vt)	jälitama	[jælitama]
seguir (vt)	jälgima	[jælʲgima]
prisão (f)	arest	[aresʲt]
prender (vt)	arreteerima	[arreteːrima]
pegar, capturar (vt)	kinni võtma	[kinni ʊɜtma]
captura (f)	kinnivõtmine	[kinniʊɜtmine]
documento (m)	dokument	[dokument]
prova (f)	tõestus	[tɜesʲtus]
provar (vt)	tõestama	[tɜesʲtama]
pegada (f)	jälg	[jælʲg]
impressões (f pl) digitais	sõrmejäljed	[sɜrmejæljet]
prova (f)	süütõend	[sʉːtɜent]
álibi (m)	alibi	[alibi]
inocente	süütu	[sʉːtu]
injustiça (f)	ebaõiglus	[ebaɜiglus]
injusto	ebaõiglane	[ebaɜiglane]
criminal	kriminaalne	[kriminaːlʲne]
confiscar (vt)	konfiskeerima	[konfiskeːrima]
droga (f)	narkootik	[narkoːtik]
arma (f)	relv	[relʲʊ]
desarmar (vt)	relvituks tegema	[relʲʊituks tegema]
ordenar (vt)	käskima	[kæskima]
desaparecer (vi)	ära kaduma	[æra kaduma]
lei (f)	seadus	[seadus]
legal	seaduslik	[seaduslik]
ilegal	ebaseaduslik	[ebaseaduslik]
responsabilidade (f)	vastutus	[ʊasʲtutus]
responsável	vastutama	[ʊasʲtutama]

NATUREZA

A Terra. Parte 1

122. Espaço sideral

cosmos (m)	kosmos	[kosmos]
cósmico	kosmiline	[kosmiline]
espaço (m) cósmico	maailmaruum	[maːilʲmaruːm]
mundo (m)	maailm	[maːilʲm]
universo (m)	universum	[uniʋersum]
galáxia (f)	galaktika	[galaktika]
estrela (f)	täht	[tæht]
constelação (f)	tähtkuju	[tæhtkuju]
planeta (m)	planeet	[planeːt]
satélite (m)	satelliit	[satelʲiːt]
meteorito (m)	meteoriit	[meteoriːt]
cometa (m)	komeet	[komeːt]
asteroide (m)	asteroid	[asʲterojt]
órbita (f)	orbiit	[orbiːt]
girar (vi)	keerlema	[keːrlema]
atmosfera (f)	atmosfäär	[atmosfæːr]
Sol (m)	Päike	[pæjke]
Sistema (m) Solar	Päikesesüsteem	[pæjkesesʉsʲteːm]
eclipse (m) solar	päiksevarjutus	[pæjkseʋarjutus]
Terra (f)	Maa	[maː]
Lua (f)	Kuu	[kuː]
Marte (m)	Marss	[marss]
Vénus (f)	Veenus	[ʋeːnus]
Júpiter (m)	Jupiter	[jupiter]
Saturno (m)	Saturn	[saturn]
Mercúrio (m)	Merkuur	[merkuːr]
Urano (m)	Uraan	[uraːn]
Neptuno (m)	Neptuun	[neptuːn]
Plutão (m)	Pluuto	[pluːto]
Via Láctea (f)	Linnutee	[linnuteː]
Ursa Maior (f)	Suur Vanker	[suːr ʋanker]
Estrela Polar (f)	Põhjanael	[pɜhjanaelʲ]
marciano (m)	marslane	[marslane]
extraterrestre (m)	võõra planeedi asukas	[ʋɜːra planeːdi asukas]

alienígena (m)	tulnukas	[tulʲnukas]
disco (m) voador	lendav taldrik	[lendaʋ talʲdrik]
nave (f) espacial	kosmoselaev	[kosmoselaeʋ]
estação (f) orbital	orbitaaljaam	[orbita:lja:m]
lançamento (m)	start	[sʲtart]
motor (m)	mootor	[mo:tor]
bocal (m)	düüs	[dʉ:s]
combustível (m)	kütus	[kʉtus]
cabine (f)	kabiin	[kabi:n]
antena (f)	antenn	[antenn]
vigia (f)	illuminaator	[ilʲumina:tor]
bateria (f) solar	päikesepatarei	[pæjkesepatarej]
traje (m) espacial	skafander	[skafander]
imponderabilidade (f)	kaaluta olek	[ka:luta olek]
oxigénio (m)	hapnik	[hapnik]
acoplagem (f)	põkkumine	[pɜkkumine]
fazer uma acoplagem	põkkama	[pɜkkama]
observatório (m)	observatoorium	[obserʋato:rium]
telescópio (m)	teleskoop	[telesko:p]
observar (vt)	jälgima	[jælʲgima]
explorar (vt)	uurima	[u:rima]

123. A Terra

Terra (f)	Maa	[ma:]
globo terrestre (Terra)	maakera	[ma:kera]
planeta (m)	planeet	[plane:t]
atmosfera (f)	atmosfäär	[atmosfæ:r]
geografia (f)	geograafia	[geogra:fia]
natureza (f)	loodus	[lo:dus]
globo (mapa esférico)	gloobus	[glo:bus]
mapa (m)	kaart	[ka:rt]
atlas (m)	atlas	[atlas]
Europa (f)	Euroopa	[euro:pa]
Ásia (f)	Aasia	[a:sia]
África (f)	Aafrika	[a:frika]
Austrália (f)	Austraalia	[ausʲtra:lia]
América (f)	Ameerika	[ame:rika]
América (f) do Norte	Põhja-Ameerika	[pɜhja-ame:rika]
América (f) do Sul	Lõuna-Ameerika	[lɜuna-ame:rika]
Antártida (f)	Antarktis	[antarktis]
Ártico (m)	Arktika	[arktika]

124. Pontos cardeais

norte (m)	põhi	[pɜhi]
para norte	põhja	[pɜhja]
no norte	põhjas	[pɜhjas]
do norte	põhja-	[pɜhja-]
sul (m)	lõuna	[lɜuna]
para sul	lõunasse	[lɜunasse]
no sul	lõunas	[lɜunas]
do sul	lõuna-	[lɜuna-]
oeste, ocidente (m)	lääs	[lʲæːs]
para oeste	läände	[lʲæːnde]
no oeste	läänes	[lʲæːnes]
ocidental	lääne-	[lʲæːne-]
leste, oriente (m)	ida	[ida]
para leste	itta	[itta]
no leste	idas	[idas]
oriental	ida-	[ida-]

125. Mar. Oceano

mar (m)	meri	[meri]
oceano (m)	ookean	[oːkean]
golfo (m)	laht	[laht]
estreito (m)	väin	[ʋæjn]
terra (f) firme	maismaa	[maismaː]
continente (m)	manner	[manner]
ilha (f)	saar	[saːr]
península (f)	poolsaar	[poːlʲsaːr]
arquipélago (m)	arhipelaag	[arhipelaːg]
baía (f)	laht	[laht]
porto (m)	sadam	[sadam]
lagoa (f)	laguun	[laguːn]
cabo (m)	neem	[neːm]
atol (m)	atoll	[atolʲ]
recife (m)	riff	[riff]
coral (m)	korall	[koralʲ]
recife (m) de coral	korallrahu	[koralʲrahu]
profundo	sügav	[sʉgaʋ]
profundidade (f)	sügavus	[sʉgaʋus]
abismo (m)	sügavik	[sʉgaʋik]
fossa (f) oceânica	nõgu	[nɜgu]
corrente (f)	hoovus	[hoːʋus]
banhar (vt)	uhtuma	[uhtuma]
litoral (m)	rand	[rant]

costa (f)	rannik	[rannik]
maré (f) alta	tõus	[tɜus]
refluxo (m), maré (f) baixa	mõõn	[mɜːn]
restinga (f)	madalik	[madalik]
fundo (m)	põhi	[pɜhi]
onda (f)	laine	[laine]
crista (f) da onda	lainehari	[lainehari]
espuma (f)	vaht	[ʋaht]
tempestade (f)	torm	[torm]
furacão (m)	orkaan	[orkaːn]
tsunami (m)	tsunami	[tsunami]
calmaria (f)	tuulevaikus	[tuːleʋaikus]
calmo	rahulik	[rahulik]
polo (m)	poolus	[poːlus]
polar	polaar-	[polaːr-]
latitude (f)	laius	[laius]
longitude (f)	pikkus	[pikkus]
paralela (f)	paralleel	[paralʲeːlʲ]
equador (m)	ekvaator	[ekʋaːtor]
céu (m)	taevas	[taeʋas]
horizonte (m)	silmapiir	[silʲmapiːr]
ar (m)	õhk	[ɜhk]
farol (m)	majakas	[majakas]
mergulhar (vi)	sukelduma	[sukelʲduma]
afundar-se (vr)	uppuma	[uppuma]
tesouros (m pl)	aarded	[aːrdet]

126. Nomes de Mares e Oceanos

Oceano (m) Atlântico	Atlandi ookean	[atlandi oːkean]
Oceano (m) Índico	India ookean	[india oːkean]
Oceano (m) Pacífico	Vaikne ookean	[ʋaikne oːkean]
Oceano (m) Ártico	Põhja-Jäämeri	[pɜhja-jæːmeri]
Mar (m) Negro	Must meri	[musʲt meri]
Mar (m) Vermelho	Punane meri	[punane meri]
Mar (m) Amarelo	Kollane meri	[kolʲæne meri]
Mar (m) Branco	Valge meri	[ʋalʲge meri]
Mar (m) Cáspio	Kaspia meri	[kaspia meri]
Mar (m) Morto	Surnumeri	[surnumeri]
Mar (m) Mediterrâneo	Vahemeri	[ʋahemeri]
Mar (m) Egeu	Egeuse meri	[egeuse meri]
Mar (m) Adriático	Aadria meri	[aːdria meri]
Mar (m) Arábico	Araabia meri	[araːbia meri]
Mar (m) do Japão	Jaapani meri	[jaːpani meri]

Mar (m) de Bering	Beringi meri	[beringi meri]
Mar (m) da China Meridional	Lõuna-Hiina meri	[lɜuna-hi:na meri]
Mar (m) de Coral	Korallide meri	[koralʲide meri]
Mar (m) de Tasman	Tasmaania meri	[tasma:nia meri]
Mar (m) do Caribe	Kariibi meri	[kari:bi meri]
Mar (m) de Barents	Barentsi meri	[barentsi meri]
Mar (m) de Kara	Kara meri	[kara meri]
Mar (m) do Norte	Põhjameri	[pɜhjameri]
Mar (m) Báltico	Läänemeri	[lʲæ:nemeri]
Mar (m) da Noruega	Norra meri	[norra meri]

127. Montanhas

montanha (f)	mägi	[mæɡi]
cordilheira (f)	mäeahelik	[mæɛahelik]
serra (f)	mäeahelik	[mæɛahelik]
cume (m)	tipp	[tipp]
pico (m)	mäetipp	[mæɛtipp]
sopé (m)	jalam	[jalam]
declive (m)	nõlv	[nɜlʲʊ]
vulcão (m)	vulkaan	[ʊulʲka:n]
vulcão (m) ativo	tegutsev vulkaan	[tegutseʊ ʊulʲka:n]
vulcão (m) extinto	kustunud vulkaan	[kusʲtunut ʊulʲka:n]
erupção (f)	vulkaanipurse	[ʊulʲka:nipurse]
cratera (f)	kraater	[kra:ter]
magma (m)	magma	[magma]
lava (f)	laava	[la:ʋa]
fundido (lava ~a)	hõõguv	[hɜ:guʊ]
desfiladeiro (m)	kanjon	[kanjon]
garganta (f)	kuristik, taarn	[kurisʲtik, ta:rn]
fenda (f)	kaljulõhe	[kaljulɜhe]
precipício (m)	kuristik	[kurisʲtik]
passo, colo (m)	kuru	[kuru]
planalto (m)	platoo	[plato:]
falésia (f)	kalju	[kalju]
colina (f)	küngas	[kʉngas]
glaciar (m)	liustik	[liusʲtik]
queda (f) d'água	juga	[juga]
géiser (m)	geiser	[gejser]
lago (m)	järv	[jæruː]
planície (f)	lausmaa	[lausma:]
paisagem (f)	maastik	[ma:sʲtik]
eco (m)	kaja	[kaja]
alpinista (m)	alpinist	[alʲpinisʲt]

escalador (m)	kaljuronija	[kaljuronija]
conquistar (vt)	vallutama	[valʲutama]
subida, escalada (f)	mäkketõus	[mækketɜus]

128. Nomes de montanhas

Alpes (m pl)	Alpid	[alʲpit]
monte Branco (m)	Mont Blanc	[mon blan]
Pirineus (m pl)	Püreneed	[pʉrene:t]
Cárpatos (m pl)	Karpaadid	[karpa:dit]
montes (m pl) Urais	Uurali mäed	[u:rali mæət]
Cáucaso (m)	Kaukasus	[kaukasus]
Elbrus (m)	Elbrus	[elʲbrus]
Altai (m)	Altai	[alʲtai]
Tian Shan (m)	Tjan-Šan	[tjanʃan]
Pamir (m)	Pamiir	[pami:r]
Himalaias (m pl)	Himaalaja	[hima:laja]
monte (m) Everest	Everest	[everesʲt]
Cordilheira (f) dos Andes	Andid	[andit]
Kilimanjaro (m)	Kilimandžaaro	[kilimandʒa:ro]

129. Rios

rio (m)	jõgi	[jɜgi]
fonte, nascente (f)	allikas	[alʲikas]
leito (m) do rio	säng	[sæng]
bacia (f)	bassein	[bassejn]
desaguar no ...	suubuma	[su:buma]
afluente (m)	lisajõgi	[lisajɜgi]
margem (do rio)	kallas	[kalʲæs]
corrente (f)	vool	[vo:lʲ]
rio abaixo	allavoolu	[alʲævo:lu]
rio acima	ülesvoolu	[ʉlesvo:lu]
inundação (f)	üleujutus	[ʉleujutus]
cheia (f)	suurvesi	[su:rvesi]
transbordar (vi)	üle ujutama	[ʉle ujutama]
inundar (vt)	uputama	[uputama]
banco (m) de areia	madalik	[madalik]
rápidos (m pl)	lävi	[lʲævi]
barragem (f)	pais	[pais]
canal (m)	kanal	[kanalʲ]
reservatório (m) de água	veehoidla	[ve:hojtla]
eclusa (f)	lüüs	[lʉ:s]
corpo (m) de água	veekogu	[ve:kogu]

pântano (m)	soo	[so:]
tremedal (m)	õõtssoo	[ɜ:tsso:]
remoinho (m)	veekeeris	[ʋe:ke:ris]

arroio, regato (m)	oja	[oja]
potável	joogi-	[jo:gi-]
doce (água)	mage-	[mage-]

| gelo (m) | jää | [jæ:] |
| congelar-se (vr) | külmuma | [kɤlʲmuma] |

130. Nomes de rios

| rio Sena (m) | Seine | [sen] |
| rio Loire (m) | Loire | [lua:r] |

rio Tamisa (m)	Thames	[tems]
rio Reno (m)	Rein	[rejn]
rio Danúbio (m)	Doonau	[do:nau]

rio Volga (m)	Volga	[ʋolʲga]
rio Don (m)	Don	[don]
rio Lena (m)	Leena	[le:na]

rio Amarelo (m)	Huang He	[huanhe]
rio Yangtzé (m)	Jangtse	[jangtse]
rio Mekong (m)	Mekong	[mekong]
rio Ganges (m)	Ganges	[ganges]

rio Nilo (m)	Niilus	[ni:lus]
rio Congo (m)	Kongo	[kongo]
rio Cubango (m)	Okavango	[okaʋango]
rio Zambeze (m)	Zambezi	[sambesi]
rio Limpopo (m)	Limpopo	[limpopo]
rio Mississípi (m)	Mississippi	[misisippi]

131. Floresta

| floresta (f), bosque (m) | mets | [mets] |
| florestal | metsa- | [metsa-] |

mata (f) cerrada	tihnik	[tihnik]
arvoredo (m)	salu	[salu]
clareira (f)	lagendik	[lagendik]

| matagal (m) | padrik | [padrik] |
| mato (m) | põõsastik | [pɜ:sasʲtik] |

vereda (f)	jalgrada	[jalʲgrada]
ravina (f)	jäärak	[jæ:rak]
árvore (f)	puu	[pu:]
folha (f)	leht	[leht]

folhagem (f)	lehestik	[lehesᵗtik]
queda (f) das folhas	lehtede langemine	[lehtede langemine]
cair (vi)	langema	[langema]
topo (m)	latv	[latʊ]

ramo (m)	oks	[oks]
galho (m)	oks	[oks]
botão, rebento (m)	pung	[pung]
agulha (f)	okas	[okas]
pinha (f)	käbi	[kæbi]

buraco (m) de árvore	puuõõs	[puːɜːs]
ninho (m)	pesa	[pesa]
toca (f)	urg	[urg]

tronco (m)	tüvi	[tʉʋi]
raiz (f)	juur	[juːr]
casca (f) de árvore	koor	[koːr]
musgo (m)	sammal	[sammalʲ]

arrancar pela raiz	juurima	[juːrima]
cortar (vt)	raiuma	[raiuma]
desflorestar (vt)	maha raiuma	[maha raiuma]
toco, cepo (m)	känd	[kænt]

fogueira (f)	lõke	[lɜke]
incêndio (m) florestal	tulekahju	[tulekahju]
apagar (vt)	kustutama	[kusʲtutama]

guarda-florestal (m)	metsavaht	[metsaʋaht]
proteção (f)	taimekaitse	[taimekaitse]
proteger (a natureza)	looduskaitse	[loːduskaitse]
caçador (m) furtivo	salakütt	[salakʉtt]
armadilha (f)	püünis	[pʉːnis]

| colher (cogumelos, bagas) | korjama | [korjama] |
| perder-se (vr) | ära eksima | [æra eksima] |

132. Recursos naturais

recursos (m pl) naturais	loodusvarad	[loːdusʋarat]
minerais (m pl)	maavarad	[maːʋarat]
depósitos (m pl)	lademed	[lademet]
jazida (f)	leiukoht	[lejukoht]

extrair (vt)	kaevandama	[kaeʋandama]
extração (f)	kaevandamine	[kaeʋandamine]
minério (m)	maak	[maːk]
mina (f)	kaevandus	[kaeʋandus]
poço (m) de mina	šaht	[ʃaht]
mineiro (m)	kaevur	[kaeʋur]

| gás (m) | gaas | [gaːs] |
| gasoduto (m) | gaasijuhe | [gaːsijuhe] |

petróleo (m)	nafta	[nafta]
oleoduto (m)	naftajuhe	[naftajuhe]
poço (m) de petróleo	nafta puurtorn	[nafta puːrtorn]
torre (f) petrolífera	puurtorn	[puːrtorn]
petroleiro (m)	tanker	[tanker]
areia (f)	liiv	[liːʊ]
calcário (m)	paekivi	[paekiʊi]
cascalho (m)	kruus	[kruːs]
turfa (f)	turvas	[turʊas]
argila (f)	savi	[saʊi]
carvão (m)	süsi	[sɐsi]
ferro (m)	raud	[raut]
ouro (m)	kuld	[kulʲt]
prata (f)	hõbe	[hɜbe]
níquel (m)	nikkel	[nikkelʲ]
cobre (m)	vask	[ʊask]
zinco (m)	tsink	[tsink]
manganês (m)	mangaan	[mangaːn]
mercúrio (m)	elavhõbe	[elaʊhɜbe]
chumbo (m)	seatina	[seatina]
mineral (m)	mineraal	[mineraːlʲ]
cristal (m)	kristall	[krisʲtalʲ]
mármore (m)	marmor	[marmor]
urânio (m)	uraan	[uraːn]

A Terra. Parte 2

133. Tempo

tempo (m)	ilm	[iˑlm]
previsão (f) do tempo	ilmaennustus	[iˑlmaennusˈtus]
temperatura (f)	temperatuur	[temperatuːr]
termómetro (m)	kraadiklaas	[kraːdiklaːs]
barómetro (m)	baromeeter	[baromeːter]
húmido	niiske	[niːske]
humidade (f)	niiskus	[niːskus]
calor (m)	kuumus	[kuːmus]
cálido	kuum	[kuːm]
está muito calor	on kuum	[on kuːm]
está calor	soojus	[soːjus]
quente	soe	[soe]
está frio	on külm	[on kɐlʲm]
frio	külm	[kɐlʲm]
sol (m)	päike	[pæjke]
brilhar (vi)	paistma	[paisˈtma]
de sol, ensolarado	päikseline	[pæjkseline]
nascer (vi)	tõusma	[tɜusma]
pôr-se (vr)	loojuma	[loːjuma]
nuvem (f)	pilv	[pilʲʊ]
nublado	pilves	[pilʲʊes]
nuvem (f) preta	pilv	[pilʲʊ]
escuro, cinzento	sompus	[sompus]
chuva (f)	vihm	[ʊihm]
está a chover	vihma sajab	[ʊihma sajab]
chuvoso	vihmane	[ʊihmane]
chuviscar (vi)	tibutama	[tibutama]
chuva (f) torrencial	paduvihm	[paduʊihm]
chuvada (f)	hoovihm	[hoːʊihm]
forte (chuva)	tugev	[tugeʊ]
poça (f)	lomp	[lomp]
molhar-se (vr)	märjaks saama	[mærjaks saːma]
nevoeiro (m)	udu	[udu]
de nevoeiro	udune	[udune]
neve (f)	lumi	[lumi]
está a nevar	lund sajab	[lunt sajab]

134. Tempo extremo. Catástrofes naturais

trovoada (f)	äike	[æjke]
relâmpago (m)	välk	[vælʲk]
relampejar (vi)	välku lööma	[vælʲku lø:ma]
trovão (m)	kõu	[kɜu]
trovejar (vi)	müristama	[mʉrisʲtama]
está a trovejar	müristab	[mʉrisʲtab]
granizo (m)	rahe	[rahe]
está a cair granizo	rahet sajab	[rahet sajab]
inundar (vt)	üle ujutama	[ʉle ujutama]
inundação (f)	üleujutus	[ʉleujutus]
terremoto (m)	maavärin	[ma:værin]
abalo, tremor (m)	tõuge	[tɜuge]
epicentro (m)	epitsenter	[epitsenter]
erupção (f)	vulkaanipurse	[vulʲka:nipurse]
lava (f)	laava	[la:va]
turbilhão (m)	tromb	[tromb]
tornado (m)	tornaado	[torna:do]
tufão (m)	taifuun	[taifu:n]
furacão (m)	orkaan	[orka:n]
tempestade (f)	torm	[torm]
tsunami (m)	tsunami	[tsunami]
ciclone (m)	tsüklon	[tsʉklon]
mau tempo (m)	halb ilm	[halʲb ilʲm]
incêndio (m)	tulekahju	[tulekahju]
catástrofe (f)	katastroof	[katasʲtro:f]
meteorito (m)	meteoriit	[meteori:t]
avalanche (f)	laviin	[lavi:n]
deslizamento (m) de neve	varing	[varing]
nevasca (f)	lumetorm	[lumetorm]
tempestade (f) de neve	tuisk	[tuisk]

Fauna

135. Mamíferos. Predadores

predador (m)	kiskja	[kiskja]
tigre (m)	tiiger	[tiːger]
leão (m)	lõvi	[lɜʊi]
lobo (m)	hunt	[hunt]
raposa (f)	rebane	[rebane]
jaguar (m)	jaaguar	[jaːguar]
leopardo (m)	leopard	[leopart]
chita (f)	gepard	[gepart]
pantera (f)	panter	[panter]
puma (m)	puuma	[puːma]
leopardo-das-neves (m)	lumeleopard	[lumeleopart]
lince (m)	ilves	[ilʲʊes]
coiote (m)	koiott	[kojott]
chacal (m)	šaakal	[ʃaːkalʲ]
hiena (f)	hüään	[hʉæːn]

136. Animais selvagens

animal (m)	loom	[loːm]
besta (f)	metsloom	[metsloːm]
esquilo (m)	orav	[oraʊ]
ouriço (m)	siil	[siːlʲ]
lebre (f)	jänes	[jænes]
coelho (m)	küülik	[kʉːlik]
texugo (m)	mäger	[mæger]
guaxinim (m)	pesukaru	[pesukaru]
hamster (m)	hamster	[hamsʲter]
marmota (f)	koopaorav	[koːpaoraʊ]
toupeira (f)	mutt	[mutt]
rato (m)	hiir	[hiːr]
ratazana (f)	rott	[rott]
morcego (m)	nahkhiir	[nahkhiːr]
arminho (m)	kärp	[kærp]
zibelina (f)	soobel	[soːbelʲ]
marta (f)	nugis	[nugis]
doninha (f)	nirk	[nirk]
vison (m)	naarits	[naːrits]

| castor (m) | kobras | [kobras] |
| lontra (f) | saarmas | [saːrmas] |

cavalo (m)	hobune	[hobune]
alce (m)	põder	[pɜder]
veado (m)	põhjapõder	[pɜhjapɜder]
camelo (m)	kaamel	[kaːmelʲ]

bisão (m)	piison	[piːson]
auroque (m)	euroopa piison	[euroːpa piːson]
búfalo (m)	pühvel	[pʉhʋelʲ]

zebra (f)	sebra	[sebra]
antílope (m)	antiloop	[antiloːp]
corça (f)	metskits	[metskits]
gamo (m)	kabehirv	[kabehirʋ]
camurça (f)	mägikits	[mægikits]
javali (m)	metssiga	[metssiga]

baleia (f)	vaal	[ʋaːlʲ]
foca (f)	hüljes	[hʉljes]
morsa (f)	merihobu	[merihobu]
urso-marinho (m)	kotik	[kotik]
golfinho (m)	delfiin	[delfiːn]

urso (m)	karu	[karu]
urso (m) branco	jääkaru	[jæːkaru]
panda (m)	panda	[panda]

macaco (em geral)	ahv	[ahʋ]
chimpanzé (m)	šimpans	[ʃimpans]
orangotango (m)	orangutang	[orangutang]
gorila (m)	gorilla	[gorilʲæ]
macaco (m)	makaak	[makaːk]
gibão (m)	gibon	[gibon]

elefante (m)	elevant	[eleʋant]
rinoceronte (m)	ninasarvik	[ninasarʋik]
girafa (f)	kaelkirjak	[kaelʲkirjak]
hipopótamo (m)	jõehobu	[jɜehobu]

| canguru (m) | känguru | [kænguru] |
| coala (m) | koaala | [koaːla] |

mangusto (m)	mangust	[mangusʲt]
chinchila (m)	tšintšilja	[tʃintʃilja]
doninha-fedorenta (f)	skunk	[skunk]
porco-espinho (m)	okassiga	[okassiga]

137. Animais domésticos

gata (f)	kass	[kass]
gato (m) macho	kass	[kass]
cão (m)	koer	[koer]

cavalo (m)	hobune	[hobune]
garanhão (m)	täkk	[tækk]
égua (f)	mära	[mæra]
vaca (f)	lehm	[lehm]
touro (m)	pull	[pulʲ]
boi (m)	härg	[hærg]
ovelha (f)	lammas	[lammas]
carneiro (m)	oinas	[ojnas]
cabra (f)	kits	[kits]
bode (m)	sokk	[sokk]
burro (m)	eesel	[e:selʲ]
mula (f)	muul	[mu:lʲ]
porco (m)	siga	[siga]
leitão (m)	põrsas	[pɜrsas]
coelho (m)	küülik	[kʉ:lik]
galinha (f)	kana	[kana]
galo (m)	kukk	[kukk]
pata (f)	part	[part]
pato (macho)	sinikaelpart	[sinikaelʲpart]
ganso (m)	hani	[hani]
peru (m)	kalkun	[kalʲkun]
perua (f)	kalkun	[kalʲkun]
animais (m pl) domésticos	koduloomad	[kodulo:mat]
domesticado	kodustatud	[kodusʲtatut]
domesticar (vt)	taltsutama	[talʲtsutama]
criar (vt)	üles kasvatama	[ʉles kasʋatama]
quinta (f)	farm	[farm]
aves (f pl) domésticas	kodulinnud	[kodulinnut]
gado (m)	kariloomad	[karilo:mat]
rebanho (m), manada (f)	kari	[kari]
estábulo (m)	hobusetall	[hobusetalʲ]
pocilga (f)	sigala	[sigala]
estábulo (m)	lehmalaut	[lehmalaut]
coelheira (f)	küülikukasvandus	[kʉ:likukasʋandus]
galinheiro (m)	kanala	[kanala]

138. Pássaros

pássaro (m), ave (f)	lind	[lint]
pombo (m)	tuvi	[tuʋi]
pardal (m)	varblane	[ʋarblane]
chapim-real (m)	tihane	[tihane]
pega-rabuda (f)	harakas	[harakas]
corvo (m)	ronk	[ronk]

gralha (f) cinzenta	vares	[ʋares]
gralha-de-nuca-cinzenta (f)	hakk	[hakk]
gralha-calva (f)	künnivares	[kynniʋares]
pato (m)	part	[part]
ganso (m)	hani	[hani]
faisão (m)	faasan	[faːsan]
águia (f)	kotkas	[kotkas]
açor (m)	kull	[kulʲ]
falcão (m)	kotkas	[kotkas]
abutre (m)	raisakull	[raisakulʲ]
condor (m)	kondor	[kondor]
cisne (m)	luik	[luik]
grou (m)	kurg	[kurg]
cegonha (f)	toonekurg	[toːnekurg]
papagaio (m)	papagoi	[papagoj]
beija-flor (m)	koolibri	[koːlibri]
pavão (m)	paabulind	[paːbulint]
avestruz (m)	jaanalind	[jaːnalint]
garça (f)	haigur	[haigur]
flamingo (m)	flamingo	[flamingo]
pelicano (m)	pelikan	[pelikan]
rouxinol (m)	ööbik	[øːbik]
andorinha (f)	suitsupääsuke	[suitsupæːsuke]
tordo-zornal (m)	rästas	[ræsʲtas]
tordo-músico (m)	laulurästas	[lauluræsʲtas]
melro-preto (m)	musträstas	[musʲtræsʲtas]
andorinhão (m)	piiripääsuke	[piːripæːsuke]
cotovia (f)	lõoke	[lɜoke]
codorna (f)	vutt	[ʋutt]
pica-pau (m)	rähn	[ræhn]
cuco (m)	kägu	[kægu]
coruja (f)	öökull	[øːkulʲ]
corujão, bufo (m)	kakk	[kakk]
tetraz-grande (m)	metsis	[metsis]
tetraz-lira (m)	teder	[teder]
perdiz-cinzenta (f)	põldpüü	[pɜlʲtpʉː]
estorninho (m)	kuldnokk	[kulʲdnokk]
canário (m)	kanaarilind	[kanaːrilint]
galinha-do-mato (f)	laanepüü	[laːnepʉː]
tentilhão (m)	metsvint	[metsʋint]
dom-fafe (m)	leevike	[leːʋike]
gaivota (f)	kajakas	[kajakas]
albatroz (m)	albatross	[alʲbatross]
pinguim (m)	pingviin	[pinguiːn]

139. Peixes. Animais marinhos

brema (f)	latikas	[latikas]
carpa (f)	karpkala	[karpkala]
perca (f)	ahven	[ahʋen]
siluro (m)	säga	[sæga]
lúcio (m)	haug	[haug]
salmão (m)	lõhe	[lɜhe]
esturjão (m)	tuurakala	[tu:rakala]
arenque (m)	heeringas	[he:ringas]
salmão (m)	väärislõhe	[ʋæ:rislɜhe]
cavala, sarda (f)	skumbria	[skumbria]
solha (f)	lest	[lesʲt]
lúcio perca (m)	kohakala	[kohakala]
bacalhau (m)	tursk	[tursk]
atum (m)	tuunikala	[tu:nikala]
truta (f)	forell	[forelʲ]
enguia (f)	angerjas	[angerjas]
raia elétrica (f)	elektrirai	[elektrirai]
moreia (f)	mureen	[mure:n]
piranha (f)	piraaja	[pira:ja]
tubarão (m)	haikala	[haikala]
golfinho (m)	delfiin	[delfi:n]
baleia (f)	vaal	[ʋa:lʲ]
caranguejo (m)	krabi	[krabi]
medusa, alforreca (f)	meduus	[medu:s]
polvo (m)	kaheksajalg	[kaheksajalʲg]
estrela-do-mar (f)	meritäht	[meritæht]
ouriço-do-mar (m)	merisiil	[merisi:lʲ]
cavalo-marinho (m)	merihobuke	[merihobuke]
ostra (f)	auster	[ausʲter]
camarão (m)	krevett	[kreʋett]
lavagante (m)	homaar	[homa:r]
lagosta (f)	langust	[langusʲt]

140. Amfíbios. Répteis

serpente, cobra (f)	uss	[uss]
venenoso	mürgine	[mʉrgine]
víbora (f)	rästik	[ræsʲtik]
cobra-capelo, naja (f)	kobra	[kobra]
pitão (m)	püüton	[pʉ:ton]
jiboia (f)	boamadu	[boamadu]
cobra-de-água (f)	nastik	[nasʲtik]

| cascavel (f) | lõgismadu | [lɜgismadu] |
| anaconda (f) | anakonda | [anakonda] |

lagarto (m)	sisalik	[sisalik]
iguana (f)	iguaan	[igua:n]
varano (m)	varaan	[ʋara:n]
salamandra (f)	salamander	[salamander]
camaleão (m)	kameeleon	[kame:leon]
escorpião (m)	skorpion	[skorpion]

tartaruga (f)	kilpkonn	[kilʲpkonn]
rã (f)	konn	[konn]
sapo (m)	kärnkonn	[kærnkonn]
crocodilo (m)	krokodill	[krokodilʲ]

141. Insetos

inseto (m)	putukas	[putukas]
borboleta (f)	liblikas	[liblikas]
formiga (f)	sipelgas	[sipelʲgas]
mosca (f)	kärbes	[kærbes]
mosquito (m)	sääsk	[sæ:sk]
escaravelho (m)	sitikas	[sitikas]

vespa (f)	herilane	[herilane]
abelha (f)	mesilane	[mesilane]
mamangava (f)	metsmesilane	[metsmesilane]
moscardo (m)	kiin	[ki:n]

| aranha (f) | ämblik | [æmblik] |
| teia (f) de aranha | ämblikuvõrk | [æmblikuʋɜrk] |

libélula (f)	kiil	[ki:lʲ]
gafanhoto-do-campo (m)	rohutirts	[rohutirts]
traça (f)	liblikas	[liblikas]

barata (f)	tarakan	[tarakan]
carraça (f)	puuk	[pu:k]
pulga (f)	kirp	[kirp]
borrachudo (m)	kihulane	[kihulane]

gafanhoto (m)	rändtirts	[rændtirts]
caracol (m)	tigu	[tigu]
grilo (m)	ritsikas	[ritsikas]
pirilampo (m)	jaaniuss	[ja:niuss]
joaninha (f)	lepatriinu	[lepatri:nu]
besouro (m)	maipõrnikas	[maipɜrnikas]

sanguessuga (f)	kaan	[ka:n]
lagarta (f)	tõuk	[tɜuk]
minhoca (f)	vagel	[ʋagelʲ]
larva (f)	tõuk	[tɜuk]

Flora

142. Árvores

árvore (f)	puu	[puː]
decídua	lehtpuu	[lehtpuː]
conífera	okaspuu	[okaspuː]
perene	igihaljas	[igihaljas]

macieira (f)	õunapuu	[ɜunapuː]
pereira (f)	pirnipuu	[pirnipuː]
cerejeira (f)	murelipuu	[murelipuː]
ginjeira (f)	kirsipuu	[kirsipuː]
ameixeira (f)	ploomipuu	[ploːmipuː]

bétula (f)	kask	[kask]
carvalho (m)	tamm	[tamm]
tília (f)	pärn	[pærn]
choupo-tremedor (m)	haav	[haːʊ]
bordo (m)	vaher	[ʊaher]
espruce-europeu (m)	kuusk	[kuːsk]
pinheiro (m)	mänd	[mænt]
alerce, lariço (m)	lehis	[lehis]
abeto (m)	nulg	[nulʲg]
cedro (m)	seeder	[seːder]

choupo, álamo (m)	pappel	[pappelʲ]
tramazeira (f)	pihlakas	[pihlakas]
salgueiro (m)	paju	[paju]
amieiro (m)	lepp	[lepp]
faia (f)	pöök	[pøːk]
ulmeiro (m)	jalakas	[jalakas]
freixo (m)	saar	[saːr]
castanheiro (m)	kastan	[kasʲtan]

magnólia (f)	magnoolia	[magnoːlia]
palmeira (f)	palm	[palʲm]
cipreste (m)	küpress	[kʉpress]

mangue (m)	mangroovipuu	[mangroːʊipuː]
embondeiro, baobá (m)	ahvileivapuu	[ahʊilejʊapuː]
eucalipto (m)	eukalüpt	[eukalʉpt]
sequoia (f)	sekvoia	[sekʊoja]

143. Arbustos

arbusto (m)	põõsas	[pɜːsas]
arbusto (m), moita (f)	põõsastik	[pɜːsasʲtik]

| videira (f) | viinamarjad | [ʋi:namarjat] |
| vinhedo (m) | viinamarjaistandus | [ʋi:namarjaisʲtandus] |

framboeseira (f)	vaarikas	[ʋa:rikas]
groselheira-preta (f)	mustsõstra põõsas	[musʲt sɜsʲtra pɜ:sas]
groselheira-vermelha (f)	punane sõstar põõsas	[punane sɜsʲtar pɜ:sas]
groselheira (f) espinhosa	karusmari	[karusmari]

acácia (f)	akaatsia	[aka:tsia]
bérberis (f)	kukerpuu	[kukerpu:]
jasmim (m)	jasmiin	[jasmi:n]

junípero (m)	kadakas	[kadakas]
roseira (f)	roosipõõsas	[ro:sipɜ:sas]
roseira (f) brava	kibuvits	[kibuʋits]

144. Frutos. Bagas

fruta (f)	puuvili	[pu:ʋili]
frutas (f pl)	puuviljad	[pu:ʋiljat]
maçã (f)	õun	[ɜun]
pera (f)	pirn	[pirn]
ameixa (f)	ploom	[plo:m]

morango (m)	aedmaasikas	[aedma:sikas]
ginja (f)	kirss	[kirss]
cereja (f)	murel	[murelʲ]
uva (f)	viinamarjad	[ʋi:namarjat]

framboesa (f)	vaarikas	[ʋa:rikas]
groselha (f) preta	must sõstar	[musʲt sɜsʲtar]
groselha (f) vermelha	punane sõstar	[punane sɜsʲtar]
groselha (f) espinhosa	karusmari	[karusmari]
oxicoco (m)	jõhvikas	[jɜhʋikas]

laranja (f)	apelsin	[apelʲsin]
tangerina (f)	mandariin	[mandari:n]
ananás (m)	ananass	[ananass]

| banana (f) | banaan | [bana:n] |
| tâmara (f) | dattel | [dattelʲ] |

limão (m)	sidrun	[sidrun]
damasco (m)	aprikoos	[apriko:s]
pêssego (m)	virsik	[ʋirsik]

| kiwi (m) | kiivi | [ki:ʋi] |
| toranja (f) | greip | [grejp] |

baga (f)	mari	[mari]
bagas (f pl)	marjad	[marjat]
arando (m) vermelho	pohlad	[pohlat]
morango-silvestre (m)	maasikas	[ma:sikas]
mirtilo (m)	mustikas	[musʲtikas]

145. Flores. Plantas

flor (f)	lill	[lilʲ]
ramo (m) de flores	lillekimp	[lilʲekimp]
rosa (f)	roos	[roːs]
tulipa (f)	tulp	[tulʲp]
cravo (m)	nelk	[nelʲk]
gladíolo (m)	gladiool	[gladioːlʲ]
centáurea (f)	rukkilill	[rukkililʲ]
campânula (f)	kellukas	[kelʲukas]
dente-de-leão (m)	võilill	[ʊɜililʲ]
camomila (f)	karikakar	[karikakar]
aloé (m)	aaloe	[aːloe]
cato (m)	kaktus	[kaktus]
fícus (m)	kummipuu	[kummipuː]
lírio (m)	liilia	[liːlia]
gerânio (m)	geraanium	[geraːnium]
jacinto (m)	hüatsint	[hʉatsint]
mimosa (f)	mimoos	[mimoːs]
narciso (m)	nartsiss	[nartsiss]
capuchinha (f)	kress	[kress]
orquídea (f)	orhidee	[orhideː]
peónia (f)	pojeng	[pojeng]
violeta (f)	kannike	[kannike]
amor-perfeito (m)	võõrasemad	[ʊɜːrasemat]
não-me-esqueças (m)	meelespea	[meːlespea]
margarida (f)	margareeta	[margareːta]
papoula (f)	moon	[moːn]
cânhamo (m)	kanep	[kanep]
hortelã (f)	piparmünt	[piparmʉnt]
lírio-do-vale (m)	maikelluke	[maikelʲuke]
campânula-branca (f)	lumikelluke	[lumikelʲuke]
urtiga (f)	nõges	[nɜges]
azeda (f)	hapuoblikas	[hapuoblikas]
nenúfar (m)	vesiroos	[ʋesiroːs]
feto (m), samambaia (f)	sõnajalg	[sɜnajalʲg]
líquen (m)	samblik	[samblik]
estufa (f)	kasvuhoone	[kasʊuhoːne]
relvado (m)	muru	[muru]
canteiro (m) de flores	lillepeenar	[lilʲepeːnar]
planta (f)	taim	[taim]
erva (f)	rohi	[rohi]
folha (f) de erva	rohulible	[rohulible]

folha (f)	leht	[leht]
pétala (f)	õieleht	[ɜieleht]
talo (m)	vars	[ʋars]
tubérculo (m)	sibul	[sibulʲ]

| broto, rebento (m) | idu | [idu] |
| espinho (m) | okas | [okas] |

florescer (vi)	õitsema	[ɜitsema]
murchar (vi)	närtsima	[nærtsima]
cheiro (m)	lõhn	[lɜhn]
cortar (flores)	lõikama	[lɜikama]
colher (uma flor)	murdma	[murdma]

146. Cereais, grãos

grão (m)	vili	[ʋili]
cereais (plantas)	teraviljad	[teraʋiljat]
espiga (f)	kõrs	[kɜrs]

trigo (m)	nisu	[nisu]
centeio (m)	rukis	[rukis]
aveia (f)	kaer	[kaer]
milho-miúdo (m)	hirss	[hirss]
cevada (f)	oder	[oder]

milho (m)	mais	[mais]
arroz (m)	riis	[riːs]
trigo-sarraceno (m)	tatar	[tatar]

ervilha (f)	hernes	[hernes]
feijão (m)	aedoad	[aedoat]
soja (f)	soja	[soja]
lentilha (f)	lääts	[lʲæːts]
fava (f)	põldoad	[pɜlʲdoat]

PAÍSES. NACIONALIDADES

147. Europa Ocidental

Europa (f)	Euroopa	[euro:pa]
União (f) Europeia	Euroopa Liit	[euro:pa li:t]
Áustria (f)	Austria	[ausʲtria]
Grã-Bretanha (f)	Suurbritannia	[su:rbritannia]
Inglaterra (f)	Inglismaa	[inglisma:]
Bélgica (f)	Belgia	[belʲgia]
Alemanha (f)	Saksamaa	[saksama:]
Países (m pl) Baixos	Madalmaad	[madalʲma:t]
Holanda (f)	Holland	[holʲænt]
Grécia (f)	Kreeka	[kre:ka]
Dinamarca (f)	Taani	[ta:ni]
Irlanda (f)	Iirimaa	[i:rima:]
Islândia (f)	Island	[islant]
Espanha (f)	Hispaania	[hispa:nia]
Itália (f)	Itaalia	[ita:lia]
Chipre (m)	Küpros	[kʉpros]
Malta (f)	Malta	[malʲta]
Noruega (f)	Norra	[norra]
Portugal (m)	Portugal	[portugalʲ]
Finlândia (f)	Soome	[so:me]
França (f)	Prantsusmaa	[prantsusma:]
Suécia (f)	Rootsi	[ro:tsi]
Suíça (f)	Šveits	[ʃʋejts]
Escócia (f)	Šotimaa	[ʃotima:]
Vaticano (m)	Vatikan	[ʋatikan]
Liechtenstein (m)	Liechtenstein	[lihtenʃtejn]
Luxemburgo (m)	Luxembourg	[luksembourg]
Mónaco (m)	Monaco	[monako]

148. Europa Central e de Leste

Albânia (f)	Albaania	[alʲba:nia]
Bulgária (f)	Bulgaaria	[bulʲga:ria]
Hungria (f)	Ungari	[ungari]
Letónia (f)	Läti	[lʲæti]
Lituânia (f)	Leedu	[le:du]
Polónia (f)	Poola	[po:la]

Roménia (f)	Rumeenia	[rume:nia]
Sérvia (f)	Serbia	[serbia]
Eslováquia (f)	Slovakkia	[slouakkia]
Croácia (f)	Kroaatia	[kroa:tia]
República (f) Checa	Tšehhia	[tʃehhia]
Estónia (f)	Eesti	[e:sʲti]
Bósnia e Herzegovina (f)	Bosnia ja Hertsegoviina	[bosnia ja hertsegoui:na]
Macedónia (f)	Makedoonia	[makedo:nia]
Eslovénia (f)	Sloveenia	[sloue:nia]
Montenegro (m)	Montenegro	[montenegro]

149. Países da ex-URSS

Azerbaijão (m)	Aserbaidžaan	[aserbaidʒa:n]
Arménia (f)	Armeenia	[arme:nia]
Bielorrússia (f)	Valgevenemaa	[ualʲgeuenema:]
Geórgia (f)	Gruusia	[gru:sia]
Cazaquistão (m)	Kasahstan	[kasahsʲtan]
Quirguistão (m)	Kõrgõzstan	[kɜrgɜsʲtan]
Moldávia (f)	Moldova	[molʲdoua]
Rússia (f)	Venemaa	[uenema:]
Ucrânia (f)	Ukraina	[ukraina]
Tajiquistão (m)	Tadžikistan	[tadʒikisʲtan]
Turquemenistão (m)	Türkmenistan	[tʉrkmenisʲtan]
Uzbequistão (f)	Usbekistan	[usbekisʲtan]

150. Asia

Ásia (f)	Aasia	[a:sia]
Vietname (m)	Vietnam	[uietnam]
Índia (f)	India	[india]
Israel (m)	Iisrael	[i:raelʲ]
China (f)	Hiina	[hi:na]
Líbano (m)	Liibanon	[li:banon]
Mongólia (f)	Mongoolia	[mongo:lia]
Malásia (f)	Malaisia	[malaisia]
Paquistão (m)	Pakistan	[pakisʲtan]
Arábia (f) Saudita	Saudi Araabia	[saudi ara:bia]
Tailândia (f)	Tai	[tai]
Taiwan (m)	Taivan	[taiuan]
Turquia (f)	Türgi	[tʉrgi]
Japão (m)	Jaapan	[ja:pan]
Afeganistão (m)	Afganistan	[afganisʲtan]
Bangladesh (m)	Bangladesh	[bangladesh]

Indonésia (f)	Indoneesia	[indone:sia]
Jordânia (f)	Jordaania	[jorda:nia]
Iraque (m)	Iraak	[ira:k]
Irão (m)	Iraan	[ira:n]
Camboja (f)	Kambodža	[kambodʒa]
Kuwait (m)	Kuveit	[kuʋejt]
Laos (m)	Laos	[laos]
Myanmar (m), Birmânia (f)	Mjanma	[mjanma]
Nepal (m)	Nepal	[nepalʲ]
Emirados Árabes Unidos	Araabia Ühendemiraadid	[ara:bia ʉhendemira:dit]
Síria (f)	Süüria	[sʉ:ria]
Palestina (f)	Palestiina autonoomia	[palesʲti:na autono:mia]
Coreia do Sul (f)	Lõuna-Korea	[lɜuna-korea]
Coreia do Norte (f)	Põhja-Korea	[pɜhja-korea]

151. América do Norte

Estados Unidos da América	Ameerika Ühendriigid	[ame:rika ʉhendri:git]
Canadá (m)	Kanada	[kanada]
México (m)	Mehhiko	[mehhiko]

152. América Central do Sul

Argentina (f)	Argentiina	[argenti:na]
Brasil (m)	Brasiilia	[brasi:lia]
Colômbia (f)	Kolumbia	[kolumbia]
Cuba (f)	Kuuba	[ku:ba]
Chile (m)	Tšiili	[tʃi:li]
Bolívia (f)	Boliivia	[boli:ʋia]
Venezuela (f)	Venetsueela	[ʋenetsue:la]
Paraguai (m)	Paraguai	[paraguai]
Peru (m)	Peruu	[peru:]
Suriname (m)	Suriname	[suriname]
Uruguai (m)	Uruguai	[uruguai]
Equador (m)	Ecuador	[ekuador]
Bahamas (f pl)	Bahama saared	[bahama sa:ret]
Haiti (m)	Haiiti	[hai:ti]
República (f) Dominicana	Dominikaani Vabariik	[dominika:ni ʋabari:k]
Panamá (m)	Panama	[panama]
Jamaica (f)	Jamaika	[jamaika]

153. Africa

Egito (m)	Egiptus	[egiptus]
Marrocos	Maroko	[maroko]

Tunísia (f)	Tuneesia	[tune:sia]
Gana (f)	Gaana	[ga:na]
Zanzibar (m)	Sansibar	[sansibar]
Quénia (f)	Keenia	[ke:nia]
Líbia (f)	Liibüa	[li:bʉa]
Madagáscar (m)	Madagaskar	[madagaskar]
Namíbia (f)	Namiibia	[nami:bia]
Senegal (m)	Senegal	[senegalʲ]
Tanzânia (f)	Tansaania	[tansa:nia]
África do Sul (f)	Lõuna-Aafrika Vabariik	[lɜuna-a:frika ʋabari:k]

154. Austrália. Oceania

Austrália (f)	Austraalia	[ausʲtra:lia]
Nova Zelândia (f)	Uus Meremaa	[u:s merema:]
Tasmânia (f)	Tasmaania	[tasma:nia]
Polinésia Francesa (f)	Prantsuse Polüneesia	[prantsuse polʉne:sia]

155. Cidades

Amesterdão	Amsterdam	[amsʲterdam]
Ancara	Ankara	[ankara]
Atenas	Ateena	[ate:na]
Bagdade	Bagdad	[bagdat]
Banguecoque	Bangkok	[bangkok]
Barcelona	Barcelona	[barselona]
Beirute	Beirut	[bejrut]
Berlim	Berliin	[berli:n]
Bombaim	Bombay	[bombej]
Bona	Bonn	[bonn]
Bordéus	Bordeaux	[bordo:]
Bratislava	Bratislava	[bratislaʋa]
Bruxelas	Brüssel	[brʉsselʲ]
Bucareste	Bukarest	[bukaresʲt]
Budapeste	Budapest	[budapesʲt]
Cairo	Kairo	[kajro]
Calcutá	Kalkuta	[kalʲkuta]
Chicago	Chicago	[tʃikago]
Cidade do México	Mexico	[mehiko]
Copenhaga	Kopenhaagen	[kopenha:gen]
Dar es Salaam	Dar Es Salaam	[dar es sala:m]
Deli	Delhi	[deli]
Dubai	Dubai	[dubai]
Dublin, Dublim	Dublin	[dublin]
Düsseldorf	Düsseldorf	[dʉsselʲdorf]
Estocolmo	Stockholm	[stokholʲm]

Florença	Firenze	[firenzə]
Frankfurt	Frankfurt	[frankfurt]
Genebra	Genf	[genf]
Haia	Haag	[ha:g]
Hamburgo	Hamburg	[hamburg]
Hanói	Hanoi	[hanoj]
Havana	Havanna	[hauanna]
Helsínquia	Helsingi	[helʲsingi]
Hiroshima	Hiroshima	[hiroshima]
Hong Kong	Hongkong	[honkong]
Istambul	Istanbul	[istanbulʲ]
Jerusalém	Jeruusalemm	[jeru:salemm]
Kiev	Kiiev	[ki:eu]
Kuala Lumpur	Kuala Lumpur	[kuala lumpur]
Lisboa	Lissabon	[lissssabon]
Londres	London	[london]
Los Angeles	Los Angeles	[los angeles]
Lion	Lyon	[lyon]
Madrid	Madrid	[madrit]
Marselha	Marseille	[marselʲ]
Miami	Miami	[majæmi]
Montreal	Montreal	[montrealʲ]
Moscovo	Moskva	[moskua]
Munique	München	[munhen]
Nairóbi	Nairobi	[nairobi]
Nápoles	Napoli	[napoli]
Nice	Nice	[nitsə]
Nova York	New York	[nju york]
Oslo	Oslo	[oslo]
Ottawa	Ottawa	[ottawa]
Paris	Pariis	[pari:s]
Pequim	Peking	[peking]
Praga	Praha	[praha]
Rio de Janeiro	Rio de Janeiro	[rio de ʒanejro]
Roma	Rooma	[ro:ma]
São Petersburgo	Peterburi	[peterburi]
Seul	Soul	[soulʲ]
Singapura	Singapur	[singapur]
Sydney	Sidney	[sidni]
Taipé	Taibei	[taibej]
Tóquio	Tokio	[tokio]
Toronto	Toronto	[toronto]
Varsóvia	Varssavi	[uarssaui]
Veneza	Veneetsia	[uene:tsia]
Viena	Viin	[ui:n]
Washington	Washington	[uoʃington]
Xangai	Shanghai	[ʃanhai]

www.ingramcontent.com/pod-product-compliance
Lightning Source LLC
Chambersburg PA
CBHW070602050426
42450CB00011B/2955